Schriften des Erich Maria Remarque-Archivs

Band 37

Herausgegeben von Claudia Junk
im Auftrag des Erich Maria Remarque-Friedenszentrums
Osnabrück

Karl Kassenbrock

Unbehaust

»Calmeyers Sekretärin« Henriette Koppel-Hirsch

Mit 19 Abbildungen

V&R unipress

Universitätsverlag Osnabrück

Bibliografische Information der Deutschen Nationalbibliothek
Die Deutsche Nationalbibliothek verzeichnet diese Publikation in der Deutschen
Nationalbibliografie; detaillierte bibliografische Daten sind im Internet über
https://dnb.de abrufbar.

**Veröffentlichungen des Universitätsverlags Osnabrück
erscheinen bei V&R unipress.**

© 2025 Brill | V&R unipress, Robert-Bosch-Breite 10, D-37079 Göttingen, info@v-r.de,
ein Imprint der Brill-Gruppe
(Koninklijke Brill BV, Leiden, Niederlande; Brill USA Inc., Boston MA, USA; Brill Asia Pte Ltd,
Singapore; Brill Deutschland GmbH, Paderborn, Deutschland; Brill Österreich GmbH, Wien,
Österreich)
Koninklijke Brill BV umfasst die Imprints Brill, Brill Nijhoff, Brill Schöningh, Brill Fink, Brill mentis,
Brill Wageningen Academic, Vandenhoeck & Ruprecht, Böhlau und V&R unipress.
Alle Rechte vorbehalten. Das Werk und seine Teile sind urheberrechtlich geschützt.
Jede Verwertung in anderen als den gesetzlich zugelassenen Fällen bedarf der vorherigen
schriftlichen Einwilligung des Verlages.

Umschlagabbildung: Judenrats-Karteikarte für Henriette Koppel-Hirsch; Arolsen Archiv DocID:
130323371.
Druck und Bindung: CPI books GmbH, Birkstraße 10, D-25917 Leck
Printed in the EU.

Vandenhoeck & Ruprecht Verlage | www.vandenhoeck-ruprecht-verlage.com

ISSN 2198-7416
ISBN 978-3-8471-1812-1

*»Wir sind fortgezogen.
Wo wir einst gewohnt,
steht ein Rauch.«*

(Johannes Bobrowski, »Lewins Mühle«)

Inhalt

Einleitung 9

Drei Menschenleben 11

Eine jüdische Familie 13

Antisemitismus 17

Bürokraft bei Calmeyers 19

Jüdisches Personal 23

Offenes Haus 27

Vertreibung 29

Ehe und Emigration 33

Wiedersehen in den Niederlanden 41

Auf der Suche nach Auswegen 47

Judenreferat IV B 4 53

Sammel- und Durchgangslager Westerbork 57

Konzentrationslager Bergen-Belsen 69

Austausch 75

Flüchtlingslager Jeanne d'Arc 79

Palästina 83

Calmeyers Rettungsbeitrag 85

Erneutes Wiedersehen 87

Das Thema 93

Der Fall Koppel 103

Heile Welt 109

Teufelskreis 113

Epilog 117

Abbildungsnachweis 119

Quellen und Literatur 121

Dank 125

Einleitung

Die Tätigkeit Hans Calmeyers als »Rassereferent« beim Reichskommissar der besetzten Niederlande von 1941–1945 wurde bereits ausführlich beschrieben. Weitgehend unbekannt ist hingegen die besondere Verbindung des Ehepaars Calmeyer mit der deutschen Jüdin Henriette (»Henny«) Hirsch. Henny Hirsch arbeitete von 1931 bis 1933 in Calmeyers Osnabrücker Anwaltskanzlei. Während des Zweiten Weltkrieges begegnet sie Hans Calmeyer in den besetzten Niederlanden wieder. Ab 1943 beginnt für sie, ihren Ehemann Heinz Koppel und ihre Tochter Renée ein Leidensweg durch mehrere nationalsozialistische Lager, unter anderem das »Sternlager« für »Austauschjuden« in Bergen-Belsen. Ihr Überleben verdanken sie Personen, die aus gänzlich unterschiedlichen Motiven handeln. Eine von ihnen ist Hans Calmeyer.

Nach Kriegsende kommt es erneut und wiederholt zu Treffen zwischen den Ehepaaren Koppel-Hirsch und Calmeyer. Aber sie sind nicht ohne Spannungen. Während Henny und ihre Familie ihr Leid verarbeiten wollen, indem sie darüber weitgehend schweigen, kämpft Hans Calmeyer mit der Last seiner Schuld und will darüber mit ihnen reden. Reden oder Schweigen, das sind die Alternativen bei der Aufarbeitung der unterschiedlichen und dennoch auf vielfache Weise miteinander verwobenen Lebensgeschichten.

Über die äußeren Ereignisse gibt vor allem Text- und Bildmaterial aus dem Privatbesitz der in Israel lebenden Familie von Henny Hirschs Tochter Renée Ron Auskunft. Weitere Materialien stammen aus dem Calmeyer Archiv, Sammlung Niebaum, im Erich Maria Remarque-Friedenszentrum Osnabrück und dem Niedersächsischen Landesarchiv Osnabrück, Nachlass »Calmeyer«. Die dort verwahrten Archivalien von und über Calmeyer sind allerdings lückenhaft und das Ergebnis mehrfacher »Auswahlen« durch unterschiedliche Personen.

Die innere Entwicklung der Protagonisten und ihr Umgang miteinander und mit ihrer leid- beziehungsweise schuldbeladenen Finsternis sind nicht umfassend zu ergründen oder darstellbar. Bemerkenswerte Hinweise liefern jedoch drei erhalten gebliebene Quellentexte, in denen sich die Beziehungen der Ehepaare und ihre unterschiedliche Sichtweise auf die Ereignisse der Vergangenheit widerspiegeln. Es sind die Abschrift eines längeren Briefs von Hans Calmeyer an das Ehepaar Koppel-Hirsch aus dem Dezember 1961, ein ebenfalls sehr umfangreicher Brieftext, den Calmeyer 1966 an einen Bekannten aus seiner Dienstzeit in der deutschen Besatzungsverwaltung richtet, sowie ein von ihm verfasstes und sehr aufschlussreiches Gedicht für Henny und Heinz Koppel aus dem gleichen Jahr.

Die schriftlichen Quellen werden ergänzt durch zahlreiche persönliche Auskünfte der Nachfahren von Henny Koppel-Hirsch in Israel. Weitere Einblicke gewähren die Ergebnisse von Gesprächen mit noch lebenden Verwandten und Freunden der Familie Calmeyer. Informationen zu einem außergewöhnlichen Kreis unangepasster Freunde Hennys in Zeiten der Gleichschaltung und zu ihrem Treffpunkt in Bad Essen gaben die Töchter ihrer Freundin Lotte Pfannenschmidt.

Ich widme diese Arbeit Renée (Rina) Ron-Koppel, die 1943 im Sammel- und Durchgangslager Kamp Westerbork geboren wurde.

Osnabrück, im Frühjahr 2025

Drei Menschenleben

»Wenn aber Zoepf und die Slottke in Bergen-Belsen noch selektieren konnten, dann haben sie <u>nicht diese drei Menschen gerettet</u>, sie haben 93.000 Menschen abzüglich von 3 Menschenleben, also ›nur‹ 92.997 Menschen <u>gemordet</u>!«[1]

Es ist Hans Calmeyer, während des 2. Weltkrieges »Rassereferent« bei den deutschen Besatzungsbehörden in den Niederlanden, der mehr als 20 Jahre nach Kriegsende diese erschreckende Rechnung für zwei Hauptverantwortliche der Judendeportationen aufmacht. Calmeyer kennt den SS-Sturmbannführer Wilhelm Zoepf und die »Polizei-Sachbearbeiterin« Gertrud Slottke persönlich.

Und er kennt die drei Menschen, von denen hier im Besonderen die Rede ist. Es sind Henriette Koppel-Hirsch, ihr Mann, Heinz Koppel, und ihre gemeinsame Tochter Renée.

---

1 Brief Hans Calmeyers an Dr. Prey, Utting/Oberbayern, zu einer Zeugenrolle im Strafprozess vor dem Landgericht München II gegen BdS Harster, Zoepf und Slottke 1967. CA B 3, 1966.29.03, S. 15 (Brief an Dr. Prey). Der Brief liegt in einer Kopie vor, die Hans Calmeyer dem NIOD Instituut voor Oorlogs-, Holocaust- en Genocidestudies in Amsterdam übermittelt hat. Er umfasst 15 Schreibmaschinenseiten.

Abb. 1: Familie Koppel-Hirsch 1945 im Lager Jeanne d'Arc, Philippeville

Eine jüdische Familie

Die Lebensgeschichte der Henriette Hirsch beginnt kurz vor dem Ersten Weltkrieg unweit von Osnabrück. Henriette ist eines von insgesamt fünf Kindern des jüdischen Viehhändlers Siegfried Hirsch[2] und seiner Frau Recha.[3] Sie wird am 4.6.1914, wenige Wochen vor Beginn des Ersten Weltkriegs, in Quakenbrück geboren. Ihre älteste Schwester, Ruth, kam 1911 zur Welt, im Jahr darauf eine weitere Schwester, Olga. Henriettes jüngerer Bruder Hermann stirbt 1917, bevor er ein Jahr alt wird[4]. Schließlich wird 1919 als letztes Kind der Familie ein weiterer Sohn, Fritz, geboren.[5]

In der kleinen Ackerbürgerstadt Quakenbrück im Artland, nördlich von Osnabrück, leben nur einige wenige jüdische Familien. Die Stadt ist Sitz einer Synagogengemeinde[6]. An der Kreuzstraße steht ein Bethaus mit angeschlossener Schule und Wohnung. Die Gemeindemitglieder sind überwiegend im Handel tätig, als Vieh- und Stoffhändler, als Metzger, später auch als Holz- und Kolonialwarenhändler. Sie sind eine Minderheit von nicht einmal 1 % der Stadtbevölkerung[7]. Die sie umgebende Mehrheitsgesellschaft ist überwiegend evange-

---

2 Siegfried Hirsch ist am 4.3.1881 als drittes von sechs Kindern im westfälischen Burgsteinfurt geboren. (Geburtsregister Burgsteinfurt Nr. 33/1881) Seine Eltern sind der Metzger und Viehhändler Benjamin Hirsch und dessen Ehefrau Regina, geborene Rose. Die Familie ist mindestens seit dem 18. Jahrhundert in der Stadt ansässig.
3 Recha Hirsch geborene Hirsch (die beiden gleichnamigen Familien sind nicht miteinander verwandt) ist am 7.1.1886 in Linz am Rhein geboren. Am 18.6.1909 heiratet sie dort Siegfried Hirsch. (Auskunft der Verbandsgemeindeverwaltung Linz am Rhein, Standesamt).
4 Der Grabstein für Hermann Hirsch befindet sich noch heute auf dem jüdischen Friedhof in Badbergen-Grothe bei Quakenbrück, der bis 1935 belegt wurde.
5 Siehe Renate Rengermann: »Sag' mir, wo die Juden sind«. Hundert Jahre jüdisches Leben in Quakenbrück. Eine Untersuchung, Quakenbrück 2013, S.82f (RENGERMANN).
6 Die Gemeinde trägt die offizielle Bezeichnung »Synagogen-Gemeinde Badbergen, Sitz Quakenbrück«.
7 Das Adressbuch der Stadt Quakenbrück nennt für 1932 lediglich 24 jüdische Haushaltungen mit zusammen 37 Personen. Die Gesamtzahl einschließlich Kinder und Zugezogener dürfte ca. 60 Personen betragen haben. Siehe Theodor Penners: Die jüdische Gemeinde in Quaken-

lisch, das Umland überwiegend katholisch. Folgt man dem Narrativ der lokalen Geschichtsschreibung, ist bis 1933 das »*Verhältnis der christlichen und jüdischen Quakenbrücker zueinander moderat und freundlich*.[8] Es gibt aber hier wie überall in Deutschland, auch im ländlich geprägten Raum, eine verbreitete Judenfeindschaft aus religiösen, kulturellen oder ökonomischen Beweggründen. Besonders die zahlreichen jüdischen Viehhändler, die auf dem Land oft nicht nur Händler, sondern auch Kreditgeber sind, sehen sich seit langem einem latenten oder offenen »Agrar-Antisemitismus« gegenüber.[9]

Einer von ihnen ist Siegfried Hirsch, der seit 1913 in Quakenbrück als Geschäftsführer eine Viehhandlung betreibt. Die Firma ist auf den Namen seiner Frau Recha eingetragen. Recha wird als resolute Geschäftsfrau beschrieben. Sie ist eine bestimmende Kraft in dem nach außen männerdominierten Viehhandelsgeschäft.

Für ihre drei Mädchen wird die Tochter einer erfolgreichen Linzer Textilhandelsfamilie[10] zum Rollenmodell einer fleißigen und emanzipierten Frau, die sich gegen Widerstände durchsetzen kann. Den Ersten Weltkrieg übersteht die Familie ohne persönliche Schäden. Vater Siegfried Hirsch ist wegen einer Verletzung, die er sich während seiner Militärdienstzeit in der kaiserlichen Marine zuzog, vom Militärdienst befreit.[11] Zionistische Ideen von einem jüdischen Staat in Palästina oder gar der Auswanderung dorthin sind ihm auch nach dem Ende des Ersten Weltkrieges fremd. Seine Heimat ist Deutschland. Seine Familie ist

---

brück, in: Horst R. Jarck (Hg.): Quakenbrück. Von der Grenzfestung zum Gewerbezentrum, Quakenbrück 1985, S. 498 (PENNERS).

8 Siehe www.artland.de/portal/seiten/spuren-juedischen-lebens-900000081-31440.html; letzter Aufruf: 17.6.2024.

9 Der Viehhandel gehört zu den wenigen Berufen, die deutsche Juden traditionell ausüben konnten. Ihre Erfahrung und Fachkenntnis bei der Qualitätsprüfung und die bessere Verbindung mit dem überregionalen Handel machten sie so erfolgreich, dass sie bis zur Mitte der 1930er Jahre den Viehhandel dominierten. Sie bedienten sich beim Handel einer besonderen Berufssprache (»Viehhändlersprache« oder »Masematten«), die größtenteils aus jüdisch-deutschen bzw. hebräischen Wörtern bestand. Siehe Werner Weinberg: Die Reste des Jüdischdeutschen, Stuttgart 1969 und Margret Strunge/Karl Kassenbrock: Masematte. Das Leben und die Sprache der Menschen in Münsters vergessenen Vierteln, Münster 1980.

10 Recha Hirsch ist eine Tochter des Kaufhausbesitzers Hermann Hirsch und seiner aus Köln stammenden Frau Henriette Brunell. Siehe Anton und Anita Rings: »Die ehemalige jüdische Gemeinde in Linz am Rhein«, Linz am Rhein 1992, S.188f (RINGS).

11 Siegfried Hirsch ist ab 1903 Matrose in der 2. Kompanie, II. Matrosendivision, der Kaiserlichen Marine in Wilhelmshaven. Nach einem Dienstunfall behält er bleibende Schäden zurück. Er wird mit einem Zivilversorgungsschein (Invalidenversorgung) entlassen. Siehe RENGERMANN, S. 83. Henny Hirsch trägt auf ihrem Einschulungsfoto eine Marine-Tellermütze mit dem Mützenband der »S.M.S. Möwe«, einem Vermessungsschiff der kaiserlichen Marine, das 1906 in Wilhelmshaven vom Stapel lief.

Abb. 2: Henriette Hirsch zur Einschulung um 1920

deutsch und sie ist liberal-jüdisch[12]. Während sein persönliches Verhältnis zu anderen Mitgliedern der Synagogengemeinde nicht ohne Spannungen ist, steht Recha Hirsch noch 1935 als Präsidentin dem »Israelitischen Frauenverein Quakenbrück« vor. Der Verein widmet sich Wohltätigkeitsaufgaben, sowie der »*Pflege des geselligen Verkehrs der Mitglieder und jüdisch-literarischer Interessen*«[13]. Zum jüdischen Pessachfest, das an die Befreiung der Israeliten aus der ägyptischen Sklaverei erinnert, wird traditionelles ungesäuertes Fladenbrot, Matze, an die Nachbarn verteilt. Die Familie wohnt seit 1927 in der Gartenstraße 8. Zur Hausgemeinschaft gehören zu Beginn der 1930er Jahre der »halbjüdische« Betriebsmitarbeiter Albert Steinheim und die »arische« Hausangestellte Katharina Wellinghorst. Diese Klassifizierung nach einer vorgeblichen »Rasse-

---

12 Die Synagogengemeinde Badbergen stand als Einheitsgemeinde grundsätzlich allen jüdischen Strömungen offen, von liberal bis orthodox-traditionell. Penners vermutet, dass sie schon um die Jahrhundertwende in der Mehrzahl der »*freisinnigen Richtung*« näherstand. PENNERS, S. 497.
13 PENNERS, S. 499f.

zugehörigkeit« wird nach 1933 für alle Beteiligten große Probleme bringen. Bis dahin sind die Eheleute Hirsch und ihre Kinder scheinbar gut in der Nachbarschaft integriert, pflegen Freundschaften über Konfessionsgrenzen hinweg und beteiligen sich an Festen und Veranstaltungen in der Stadt. Henriette,« »Henny«, Hirsch ist Schülerin an der Höheren Töchterschule in Quakenbrück[14], gegenüber der Synagoge. Ihre äußere Erscheinung wird von Zeitzeugen als »*ausgesprochen hübsch*« bezeichnet. Allein die Tatsache, dass sie 1932 einmal dabei beobachtet wird, wie sie zusammen mit dem in der Stadt gastierenden Motorrad-Rennfahrer Bernd Rosemeyer unter der Kastanie der Schule steht, sorgt in der Kleinstadt Quakenbrück für Aufsehen.[15]

Abb. 3: Henriette Hirsch als Jugendliche mit ihrem Vater Siegfried

---

14 Eine höhere Töchterschule bzw. höhere Mädchenschule war eine weiterführende Schule für Mädchen und von den Schulstufen mit der Sekundarschule I (Klassen 5–10) vergleichbar.
15 Siehe RENGERMANN, S. 84. Der gebürtige Lingener Bernd Rosemeyer (1909–1938) war ein deutscher Motorrad- und Automobilrennfahrer. Die sportlichen Erfolge Rosemeyers wurden von den Nationalsozialisten nach 1933 zu Propagandazwecken genutzt. 1936 wurde er Grand-Prix-Europameister. Er starb 1938 bei einer Rekordversuchsfahrt.

Antisemitismus

Eine qualifizierte Ausbildung im Wirtschafts- und Verwaltungsbereich ist für Henny nach dem erfolgreichen Abschluss der Höheren Töchterschule in ihrem Heimatort Quakenbrück nicht möglich. Er ist zu klein für die Ambitionen der jungen jüdischen Frau mit Verstand und Ehrgeiz. Der Weg vom Elternhaus in der Gartenstraße bis zum Bahnhof ist nicht weit. Mit dem Zug kann sie die etwa 45 km entfernt gelegene Stadt Osnabrück bequem erreichen, die nächste Etappe auf ihrer Bildungslaufbahn. Hier besucht sie ab 1930 die Noelle'sche Handelsschule[16], eine höhere Handelslehranstalt im Eigentum der Osnabrücker Familie Lindemann. Die Leitung hat der Handelsoberlehrer Dr. Senff. Für den Besuch der Schule ist ein nicht unbeträchtliches Schuldgeld zu zahlen. Der Schwerpunkt des Lehrgangs an der »Höheren Handelsschule« liegt im kaufmännischen Bereich. Daneben gibt es allgemeinbildende Fächer wie Deutsch, Naturwissenschaften und Staatskunde, sowie wahlweise Sprachunterricht in Englisch, Französisch und Spanisch.

Henny ist lernbegierig und erzielt gute schulische Leistungen. Ihre Religionszugehörigkeit scheint hier zunächst keine Rolle zu spielen. Aber auch in einer größeren Stadt wie Osnabrück gibt es einen tief verwurzelten Antisemitismus. Eine NSDAP-Ortsgruppe besteht seit 1926. Ein Jahr später werden die Synagoge und der jüdische Friedhof geschändet. 1928 ruft der NSDAP-Ortsgruppenleiter zum Boykott jüdischer Geschäfte auf. Das 1929 gegründete antisemitische Wochenblatt »*Der Stadtwächter*« ist in Osnabrück weit verbreitet und erreicht hohe Auflagen[17]. Was den offenen und latenten »Judenhass« betrifft, kommt Henriette Hirsch also in eine Umgebung, die sich nicht besonders von den Verhältnissen in Quakenbrück unterscheidet. Private Beziehungen von Mensch zu Mensch sind

---

16 Die Lehranstalt wurde 1838 von Friedrich C.A. Noelle mit Unterstützung der Osnabrücker Kaufmannschaft gegründet.
17 Das von einem Heilpraktiker herausgegebene antidemokratische Hetzblatt trägt den merkwürdig aktuell anmutenden Namenszusatz »*Unabhängiges Organ für freie Meinung in Stadt und Land*«. Es ist kein Blatt der NSDAP und wird bereits 1931 wieder eingestellt, doch es hat seine vergiftende Wirkung getan. NLA OS, Slg 100 I, Z Nr. 1–3.

oft problemlos, der Antisemitismus richtet sich gegen »*die*« Juden. Das gilt auch für die Noelle'sche Handelsschule. So heißt es schon in der »Festschrift« einer Abschlussklasse zu Beginn der 1920er Jahre von einem Schüler:

> Die Juden, die hasst er nun einmal;
> Denn sie sind für ihn 'ne Qual.
> Drum sei auch sein spätrer Ruhm
> Redner auf 'ner Volkstribun.[18]

Für Henny dürften herabsetzende Äußerungen und Hetze wie diese, so verletzend sie für sie sind, gewohnt und alltäglich gewesen sein. Aber noch sind es Entgleisungen von Personen und Parteien, die mit ihren Reden nicht von der »Volkstribüne« herab bestimmen können.

---

18 Beitrag aus dem »Abschieds-Commers der Einjährigen, Prima b« von 1923. In der Schrift wird unter anderem »Unterricht im Singen antisemitischer Lieder« angeboten. Sammlung Klaus Pott, www.klaus-pott.de. Letzter Aufruf: 19.8.2024.

Bürokraft bei Calmeyers

Ende 1931, kurz nach ihrem Abschluss an der Noelle'schen Handelsschule, hat Henny bereits einen Ausbildungsplatz bei dem jungen Osnabrücker Anwalt Hans Georg Calmeyer. Calmeyer, am 23.6.1903 in Osnabrück geboren, war durch die häufigen beruflichen Versetzungen seines Vaters, eines preußischen Richters, oft umgezogen und nach seinen juristischen Examen Staatsanwalt in Halle an der Saale geworden. 1931 kehrt er in seine Geburtsstadt zurück, um eine eigene private Anwaltspraxis zu eröffnen. Calmeyer ist ein gutaussehender Mann, eine auffällige Erscheinung, modisch gekleidet, mit Hang zu schönen Dingen, interessiert an Kunst, Kultur und Automobilen. Schon früh gilt er als Sonderling, als Mensch mit Widersprüchen und des Widerspruchs. Er ist einerseits ein gesetzestreuer Rechtsvertreter, konservativ verwurzelt und durchaus nationalbewusst, andererseits ein leidenschaftlicher Oppositioneller aus Prinzip, ein Freigeist, der Sympathien für sozialistische und pazifistische Ideen hat.[19] Als Strafverteidiger vertritt er mehrfach kommunistische Mandanten, die in körperliche Auseinandersetzungen mit rechten politischen Gegnern verwickelt waren[20]. Calmeyer ist kein Zahlenmensch oder ausgesprochener Geschäftsmann. Die Finanzangelegenheiten der neuen Anwaltspraxis übernimmt seine Ehefrau Ruth[21].

Hans Calmeyer und die am 16.12.1905 in Dresden geborene Elisabeth Ruth Hertha Labusch hatten sich 1926 kennengelernt und 1930 in Berlin geheiratet. Noch im gleichen Jahr wird ihr gemeinsamer Sohn Peter geboren[22]. Die aus großbürgerlichem Stadtmilieu stammende Ruth gilt in Osnabrück als »schwierige Person«, wohl auch, weil sie mit ihrem extravaganten Auftreten, ihrer Elo-

---

19 Siehe Mathias Middelberg: »Wer bin ich, dass ich über Leben und Tod entscheide?« Hans Calmeyer – »Rassereferent« in den Niederlanden 1941–1945, Göttingen 2015, S. 27 (MIDDELBERG).
20 MIDDELBERG, S. 32.
21 Niebaum betont die Bedeutung Ruth Calmeyers als »Finanzminister« der Eheleute. Ohne Ruth sei »*Hans Calmeyer auch als Anwalt und Notar nicht überlebensfähig*« gewesen. NIEBAUM, S. 318.
22 Peter Calmeyer (5.9.1930–22.11.1995).

quenz und ihrer Meinungsfreudigkeit nicht dem damaligen gesellschaftlichen Erwartungsbild an eine Anwaltsgattin entspricht. Sie ist ein politisch denkender Mensch. Schon lange vor der »Machtergreifung« wird sie eine entschiedene Gegnerin der Nationalsozialisten und ihrer Rassenideologie, und sie versteckt ihre Ablehnung auch später nicht.[23] In der Anwaltskanzlei, in der sie sich mit und ohne ihren kleinen Sohn häufig aufhält, agiert sie als eine Art Bürovorsteherin.

Das Auswahlverfahren für die erste angestellte Bürokraft in seinem Anwaltsbüro[24] schildert Calmeyer später so:

> »Als ich mich seinerzeit bei meiner Niederlassung, die am 16. November 1931 erfolgte, an die Noelle'sche Handelsschule und zwar an deren Direktor Dr. Senff wandte mit der Bitte, mir geeignete Lehrlinge zuzusenden, empfahl mir Dr. Senff aus der gerade mit dem Abschlusszeugnis entlassenen Klasse Fräulein Hirsch als besonders intelligent und zuverlässig. Dr. Senff stellte die Frage, ob ich mich daran stoßen würde, dass Fräulein Hirsch Jüdin sei, er könne versichern, dass gerade Fräulein Hirsch einen besonders guten Eindruck mache, auch die Familie ihm als solide bekannt sei. Ich bat Dr. Senff, mir unter Anderen auch Fräulein Hirsch ruhig zuzusenden und erkundigte mich nochmals bei der Familie Lindemann (es handelt sich um die Eigentümerin der Schule). Die Familie Lindemann empfahl ebenfalls aufs Wärmste Fräulein Hirsch. Fräulein Marianne Lindemann konnte mir auch Lobendes über den Charakter und die Familie des Lehrlings berichten und erklärte, mit Fräulein Hirsch befreundet zu sein.«[25]

Es ist nicht ungewöhnlich, dass sich Calmeyer wie viele andere Unternehmer und Betriebe auf der Suche nach einem »Lehrling« an die Noelle'sche Handelsschule wendet. Sie genießt regional aber auch im benachbarten Ausland einen hervorragenden Ruf. Die ausdrückliche Empfehlung durch den Schuldirektor und durch die alteingesessene und angesehene Osnabrücker Familie Lindemann ist sicher von Vorteil. Am Ende des Auswahlverfahrens, in dem also schon sehr früh die jüdische Identität Hennys zur Sprache kommt, entscheidet sich Calmeyer aus fachlichen und persönlichen Gründen für sie:

> »Sie verriet die beste Eignung, insbesondere für das Büro eines Einzelanwalts, der mit nur einer Kraft beginnt. Ich konnte feststellen, dass es sich bei den Eltern von Fräulein Hirsch um sehr solide und strenggläubige Menschen handelte, die sehr viel Gewicht

---

23 Siehe NIEBAUM, S. 131.
24 Calmeyer entscheidet sich bei der Einstellung einer Bürokraft für eine Auszubildende, einen (weiblichen) »Lehrling«. Ein Grund dafür liegt sicher darin, dass das für seine neu gegründete Kanzlei kostengünstiger ist.
25 NLA OS Rep 940 Akz 2001/015, Nr. 4, S. 11. Laut Niebaum kam die Empfehlung, Henny Hirsch einzustellen, vom Bersenbrücker Amtsgerichtsrat Knist. Für diese Behauptung gibt es keine Belege. Peter Niebaum: Ein Gerechter unter den Völkern. Hans Calmeyer in seiner Zeit (1903–1972), Osnabrück 2003, 2. korrig., erw. Auflage, S. 127 (NIEBAUM). Zu grundsätzlichen Problemen der Calmeyer-Biografie Niebaums, die sich nur zum Teil auf überprüfbare Quellen stützt, siehe die Anmerkung des Lektors Joachim Castan (NIEBAUM S. 28f, Fußnote 12).

darauf legten, dass Fräulein Hirsch in meinem Büro mit allen Arbeiten beschäftigt, aber auch zur untadeligen Führung angehalten würde.«[26]

Calmeyer erwähnt hier Hennys jüdisches Elternhaus ausdrücklich nicht als mögliches Einstellungshindernis, sondern geradezu als ein positives Qualifizierungsmerkmal. Besonders »strenggläubige Menschen« im Sinn einer jüdischen Orthodoxie sind die Eltern Hirsch allerdings nicht.

Am 1.12.1931 beginnt Henny ihre auf drei Jahre festgelegte Lehre »in allen Zweigen des Rechtsanwaltsbetriebes als Büroangestellte«.[27] Da sie noch minderjährig ist, wird der Lehrvertrag von ihrem Vater Siegfried abgeschlossen und von ihr mitunterzeichnet. Der Vertrag enthält die Klausel, dass die Lehrzeit bei besonderer Befähigung auf zwei Jahre verkürzt werden kann. Frühester Termin für ein Ausbildungsende wäre also der Dezember 1933. Das Lehrlingsgehalt beträgt anfänglich 15 Reichsmark, wird bald auf 20 Reichsmark erhöht und im November 1932 auf 30 Reichsmark monatlich festgelegt.[28] Wegen der Bürozeiten und der nicht immer planbaren Abläufe in dem Anwaltsbüro kann Henny nicht, wie bisher, täglich von ihrem Elternhaus in Quakenbrück aus anreisen. Sie wohnt daher in einer Pension in der Möserstraße 42, unweit der Anwaltspraxis.[29] An freien Tagen fährt sie für gewöhnlich zu ihrer Familie nach Quakenbrück. Aber auch innerhalb der Woche haben die Eltern nach den Worten Calmeyers »für eine strenge Beaufsichtigung gesorgt.«[30]

Zwischen der Ehefrau des Anwalts und der angestellten »Alleinkraft«[31] Henny Hirsch entwickelt sich im Rahmen des zunächst bestehenden hierarchischen Gefälles rasch eine gegenseitig herzliche Beziehung, die über schwere Zeiten Bestand hat. Diese Freundlichkeit widerspricht dem eindimensional negativen und in Teilen misogynen Bild, das in späteren Jahren von Ruth Calmeyer gezeichnet wird. Danach sei sie »ein genaues Gegenteil« ihres bewunderten und verehrten Mannes gewesen. Ihre »zänkischen Attacken« und »Giftigkeiten« gegen ihn hätten »sich atmosphärisch auch in der Anwaltskanzlei« mitgeteilt. Sie habe im Büro »vorzüglich« böse sein können[32].

---

26 NLA OS Rep 940 Akz 2001/015, Nr. 4, S. 11.
27 Lehrvertrag vom 12.12.1931. NLA OS Rep 940 Akz 2001/015, Nr. 1.
28 15 RM entsprechen in etwa einer Kaufkraft von 60–75 Euro, 30 RM etwa 120–150 Euro. Vgl. Wissenschaftliche Dienste Deutscher Bundestag: Kaufkraftvergleiche historischer Geldbeträge, WD4-3000-096/16.
29 Die Anwaltskanzlei hat die Adresse Möserstraße 8, I.Stock. Niebaum gibt hingegen an, Calmeyer habe sein Büro in der Großen Straße gehabt und sei erst »1938 an die Möserstr.3/I« umgezogen. NIEBAUM, S. 115 und 128.
30 NLA OS Rep 940 Akz 2001/015, Nr. 4, S. 11.
31 Bereits im zweiten Geschäftsjahr wird mit Irmgard Roth eine weitere Auszubildende eingestellt. Wie bei Henny Hirsch ist für den evangelischen Anwalt Calmeyer bei der Einstellung von Irmgard Roth deren Religionszugehörigkeit, sie ist katholisch, kein Hindernis.
32 Vgl. vor allem NIEBAUM, S. 331ff.

Jüdisches Personal

Mit der Machtübernahme durch die Nationalsozialisten wird der Antisemitismus im Deutschen Reich staatlich legitimiert. Am 30.3.1933, also bereits zwei Tage vor dem reichsweiten sogenannten »Judenboykott«, beginnen in Osnabrück Boykott-Aktionen gegen jüdische Anwaltskanzleien, Arztpraxen und mehr als 40 Geschäfte. Viele Osnabrücker Juden werden verhaftet und für zwei Tage in »Schutzhaft« genommen. Fotos von Menschen, die dem Boykott-Aufruf nicht Folge leisten, hängen im Schaufenster des Geschäftes von NSDAP-Ortsgruppenleiter Erwin Kolkmeyer in der Haupteinkaufsstraße der Stadt öffentlich aus. Bald folgen weitere antijüdische Maßnahmen. Ein Prozess der Entrechtung und Isolierung hat begonnen, von dem sehr schnell auch Henny Hirsch betroffen sein wird.

Im April 1933 reicht der Schuldner in einem Konkursverfahren eine Dienstaufsichtsbeschwerde gegen den Anwalt Hans Calmeyer ein. Die Beschwerde richtet sich an den Preußischen Justizminister. An den nachfolgenden Ermittlungen sind die Osnabrücker Ortspolizeibehörde, das Landgericht Osnabrück und das zuständige Oberlandesgericht Celle beteiligt. Der Beschwerdeführer, Besitzer eines Hutgeschäftes in der Johannisstraße, behauptet, Calmeyer habe seinen Konkurs nicht ordnungsgemäß verwaltet und betätige sich zudem im kommunistischen Sinn. Es ist vor allem die angebliche »kommunistische Betätigung« Calmeyers, wegen der die Polizeibehörden und Gerichtsinstanzen in den folgenden Monaten ermitteln. Es soll aber auch überprüft werden, ob er »*jüdisches Personal*« beschäftigt. Außerdem soll Gerüchten nachgegangen werden, nach denen Calmeyers Frau Ruth jüdischer Abstammung sei Die Osnabrücker Polizei erhält den Auftrag, »*in unauffälliger Weise*« Ermittlungen anzustellen.

Gleichzeitig wird Hans Calmeyer aufgefordert, sich zur Sache zu äußern. In einem Schreiben an die Gerichtsinstanzen vom 3.6.1933 geht er auf die erhobenen Vorwürfe ein. Seine ausführliche Stellungnahme trägt das Geschäftszeichen »C/H«, als Kürzel für »*Calmeyer/Hirsch*«. Henny Hirsch hat also vermutlich den von ihrem Chef formulierten Text selbst aufgenommen und in die Schreibmaschine getippt. Zunächst weist der Anwalt Fehler im Konkursverfahren zurück und widerlegt die Vorwürfe zu seinen angeblichen kommunistischen Aktivitäten.[33] Dann geht er ausführlich auf seine jüdische Mitarbeiterin Henny Hirsch ein:

> »Mir ist die Frage vorgelegt worden, ob in meinem Büro jüdisches Personal beschäftigt wird. (...) Während der eine Lehrling katholischer Konfession ist, ist der zuerst von mir angenommene Lehrling jüdischer Konfession.«[34]

Calmeyer erläutert das Einstellungsverfahren, die Einstellungsgründe und die Bedingungen des Beschäftigungsverhältnisses. Schließlich nimmt er zu Hennys bisheriger Tätigkeit in seiner Kanzlei und den Folgen einer möglichen Entlassung Stellung:

> »Fräulein Hirsch hat das in sie gesetzte Vertrauen bisher vollauf gerechtfertigt. Ich darf sie als ausgezeichnete Kraft bezeichnen. Ihre Führung auch außerhalb des Büros hat nie zu Tadel Anlass gegeben. Ich darf bemerken, dass ich aus rein egoistischen Gründen seit der nationalen Revolution wiederholt den Gedanken erwogen habe, Fräulein Hirsch zu entlassen, um mich und mein Büro nicht Missdeutungen auszusetzen. Wenn ich solche Absicht, die mir mein eigenes Interesse gebot, nicht verwirklicht habe, so geschah dies lediglich mit Rücksicht auf die besonderen Leistungen von Fräulein Hirsch, auf ihre tatsächlich untadelige Führung, auf die Stellungslosigkeit, die eine Entlassung für Fräulein Hirsch bedeuten musste, kurz gesagt, aus menschlicher Rücksichtnahme. Ich glaube auch, dass eine jetzt erfolgende Entlassung oder aber eine Entlassung lediglich wegen der jüdischen Konfession vielleicht eher einen Vorwurf gegen mich rechtfertigen würde, als die Weiterbeschäftigung von Fräulein Hirsch. Ich bin mir bewusst, dass ich mich damit Missdeutungen aussetze, auch vielleicht beruflich und finanziell mich dadurch schädige.«[35]

Calmeyer vermeidet jede grundsätzliche Kritik an das an ihn gestellte Ansinnen, Henny zu entlassen, weil sie Jüdin ist. Er schreibt von möglichen Missdeutungen, obwohl in dieser Sache eigentlich nichts verkehrt oder falsch verstanden werden kann. Andererseits setzt er sich mit Hennys Weiterbeschäftigung bewusst und offen über die Erwartungen der nationalsozialistischen Machthaber hinweg. Er macht sich keine Illusionen darüber, wie seine sachlichen, persönlichen und moralischen Argumente bewertet werden. Daher betont er zum Schluss vor allem die rechtliche Unzulässigkeit einer Entlassung:

> »Der Lehrlingsvertrag, insbesondere aber die Vertrauensbasis jedes Lehrlingsverhältnisses, gestattet keine Kündigung«[36]

---

33 NLA OS Rep 940 Akz 2001/015, Nr. 1–4. 2. Stellungnahme Calmeyers vom 3.6.1933, S. 3.
34 A.a.O., S. 10f.
35 A.a.O., S. 11f.
36 Ebd.

Wie sehr Calmeyer die rassistischen Anwürfe, die sich nicht nur gegen Henny Hirsch, sondern auch gegen seine Frau richten[37], persönlich treffen, zeigt sich in den Schlussbemerkungen seiner Stellungnahme. Zunächst erklärt er, dass er für sich keine Veranlassung sähe,

»an dieser Stelle und anderwärts das Vorhandensein jüdischer Vorfahren meiner Frau abzuleugnen, wenn auch nur der geringste Anhaltspunkt für solche Abstammung vorhanden wäre.«

Dann führt er sogar das große Trauma seiner Familie und seines eigenen Lebens an, indem er vorbringt, dass die Abstammung seiner Frau

»ebenso unwesentlich für die Prüfung meiner Zuverlässigkeit sein dürfte, wie die Tatsache, dass meine beiden älteren Brüder im April 1918 in Flandern gefallen sind.«[38]

Hans Calmeyers ältere Brüder Alfred und Rudolf starben als deutsche Soldaten im 1. Weltkrieg innerhalb einer Woche während der Kämpfe im französisch-belgischen Grenzgebiet.

Mit seinen Äußerungen bezieht Calmeyer mutig und eindeutig Position. Die daraus resultierenden Konsequenzen angesichts der veränderten Verhältnisse »*seit der nationalen Revolution*«, also der nationalsozialistischen Machtübernahme, folgen umgehend. Am 8. 8. 1933 wird ihm die Zulassung als Rechtsanwalt entzogen, »weil er sich im kommunistischen Sinne betätigt hat.«[39] Die Beschäftigung von Henny Hirsch in seinem Anwaltsbüro wird im Bescheid nicht einmal erwähnt. Sie ist also zumindest offiziell kein maßgebliches Kriterium. Es dauert annähernd 10 Monate, bis Hans Calmeyer wieder als Anwalt beim Amtsgericht und Landgericht Osnabrück zugelassen wird.[40] Er hat in der direkten Konfrontation mit dem neuen Regime erfahren müssen, was es bedeutet, sich nicht an dessen Erwartungen anzupassen. Ab jetzt verhält er sich nach außen politisch unauffällig und vermeidet in seiner Arbeit jeden Anschein von Widerstand gegen die nationalsozialistischen Machthaber. Er wird Mitglied des NS-Rechtswah-

---

37 A.a.O., Punkt V, S. 12 f. Calmeyer verneint die Frage nach der »jüdischen Herkunft« seiner Frau und erläutert und belegt seine Angaben detailliert. Dennoch hält sich selbst in seiner eigenen Verwandtschaft weiterhin das Gerücht von einer zumindest teilweisen jüdischen Abstammung Ruth Calmeyers.
38 A.a.O., S. 13 f.
39 Schreiben der Ortspolizeibehörde, A-Stelle, Tgb.Nr. 522/33 II vom 20. 5. 1933; NLA OS Rep 940 Akz 2001/015 Nr. 1–4. Am 16. 11. 1933 wird das Vertretungsverbot endgültig. Rechtsgrundlage ist das »*Gesetz über die Zulassung zur Rechtsanwaltschaft*« vom 7. 4. 1933: »*§ 3 Personen, die sich in kommunistischem Sinne betätigt haben, sind von der Zulassung zur Rechtsanwaltschaft ausgeschlossen. Bereits erteilte Zulassungen sind zurückzunehmen.*«
40 Die Wiederzulassung erfolgt »nach erneuter Prüfung der Sachlage« am 29. 5. 1934. NLA OS Rep 940 Akz 2001/015 Nr. 1–4, Gesuch Calmeyers um Zulassung als Notar, 27. 11. 1946, S. 2.

rerbundes⁴¹, des NS-Kraftfahrerkorps und der NS-Volkswohlfahrt. Wenn er selbst später erklärt, er habe seinen »*Landsleuten*« weiterhin

> »als mahnende Kassandra« die »unausweichliche Konsequenz der militärischen Aufrüstung und der gleichzeitig von den Landsleuten überhaupt nicht erkannten rechtlichen und moralischen Abrüstung« vorgehalten⁴²,

so geschah dies zumindest nicht öffentlich.

Während der vorübergehende Entzug der Anwaltszulassung für Hans Calmeyer nur kurzzeitig berufliche Probleme verursacht, hat er für Henny Hirsch dauerhafte Folgen. Sie kann ihre Ausbildung nicht fortsetzen.⁴³ Nach dem Abbruch der Lehre kehrt sie zunächst nach Quakenbrück zurück und arbeitet als Bürokraft im Viehhandelsbetrieb der Eltern⁴⁴. Am 7.5.1936 zieht sie nach Bielefeld und nimmt dort eine Arbeit auf.

---

41 Die Briefbögen des Rechtsanwalts Calmeyer tragen jetzt das Logo des NS-Rechtswahrerbundes (NSRB): Adler, Waage, Schwert und Wappenschild mit Hakenkreuz. Die Mitgliedschaft gilt allgemein als Bestätigung einer nationalsozialistischen Gesinnung.
42 Lebenslauf »What about Calmeyer?« von 1946. NLA OS Dep.107, Akz.5/95,18.
43 Henny verliert ihren Ausbildungsplatz, weil ihrem Arbeitgeber die Zulassung zur Rechtsanwaltschaft entzogen wurde. Sie hätte binnen zwei Wochen dagegen Widerspruch beim Amtsgericht einlegen können. Die erwartbare Abweisung hätte ohne mündliche Anhörung sofort durch Beschluss erfolgen können. Gesetz über die Zulassung zur Rechtsanwaltschaft vom 7.4.1933, § 6, in Verbindung mit dem Gesetz über das Kündigungsrecht der durch das Gesetz zur Wiederherstellung des Berufsbeamtentums betroffenen Personen vom 7.4.1933, § 3.
44 Vgl. PENNERS, S. 506. Möglicherweise nimmt Henny im Herbst 1933 und im Frühsommer 1935 an jeweils zweimonatigen Berufsbildungskursen in Hannover teil und erreicht doch noch einen offiziellen Berufsabschluss.

Offenes Haus

Trotz des Verlustes der Arbeitsstelle bleiben die privaten Verbindungen bestehen, die sich Henny während ihrer Zeit in Osnabrück aufbauen konnte. Zu ihrem nicht-jüdischen Freundeskreis gehören der Musiklehrer Ernst Hollmann, der Bahnbeamte Ernst (»Oberbubi«) Meyer und der exzentrische Auktionator und »Bibliomane« August Buck[45]. Die Osnabrücker Freunde treffen sich getrennt oder gemeinsam immer wieder bei dem Ehepaar Ernst und Lotte Pfannenschmidt in Bad Essen. Es führt ein »offenes Haus«, in dem selbst in diesen Zeiten ein freier Geist weht. Ernst Pfannenschmidt arbeitet als Buchhalter in der Schlüterschen Buchdruckerei in Bad Essen[46]. Das Doppelhaus am Siepenbach hatte er 1931 zusammen mit einem Arbeitskollegen großenteils in Eigenarbeit errichtet. Es beruht auf Plänen aus dem Umfeld des Bauhauses, die ihm Freunde zur Verfügung stellten.[47] Gäste sind im Haus Pfannenschmidt immer willkommen. Von hier aus unternimmt man ausgiebige Wanderungen in die Umgebung. In der kleinen Wohnstube der Pfannenschmidts wird neben dem mit handbemalten Kacheln von Hollmann verzierten Ofen die von August Buck besorgte in- und ausländische Literatur gelesen. Die Freunde diskutieren kulturelle und gesellschaftliche Fragen und musizieren zusammen. Ernst (»Holle«) Hollmann, ein Sozialdemokrat, gibt hier und in der Ortschaft Klavier- und Flötenunterricht.

Nach einem ersten gemeinsamen Besuch Hennys mit Hollmann im Haus am Siepenbach entwickelt sich rasch eine lebenslange Freundschaft zwischen ihr und der 15 Jahre älteren Lotte Pfannenschmidt. Die am 22.3.1899 im böhmi-

---

45 August Buck zählt wie Calmeyer zu einem Freundeskreis um den Osnabrücker Buchhändler Bruno Hanckel. Dessen Geschäft besteht unter dem Namen Buchhandlung zur Heide bis heute fort.
46 Das Druck- und Verlagshaus gibt unter anderem die Tageszeitung »Wittlager Kreisblatt« heraus.
47 Allerdings bestehen die örtlichen Behörden auf ein Satteldach anstelle eines zunächst vorgesehenen Flachdachs. Das Satteldach hat, wie für den Bauhausstil typisch aber für diese Zeit ungewöhnlich, keinen Dachvorsprung.

schen Aussig[48] geborene Lotte, eigentlich Caroline Charlotte, Kirschnek, verbrachte ihre Jugend in Prag. Sie war Teil der Minderheit der Deutsch sprechenden Bürgergesellschaft im Zentrum der Stadt mit ihren zahlreichen politischen und sozialen Gruppen und einer großen jüdischen Gemeinde. Über die Wandervogelbewegung lernte die offene und selbstbewusste Frau den Bad Essener Ernst Pfannenschmidt kennen und lieben. Mit ihm kam sie von der Großstadt in die beschauliche Landgemeinde am Wiehengebirge. Als Lotte im März 1935 ihr drittes Kind, Britta, gebiert, sind im Haushalt noch der 7jährige Sohn Peter und die 5jährige Marianne zu versorgen. Henny verbringt deshalb rund um die Geburt einige Wochen unterstützend in der Bad Essener Familie; eine Zeit, die die Freundschaft zwischen den Frauen weiter vertieft. Ernst Pfannenschmidt leidet zu diesem Zeitpunkt bereits an einer unheilbaren Tuberkulosekrankheit, an deren Folgen er 1939 stirbt. Es ist wohl die durch eine weitere Weltsicht geprägte besondere Persönlichkeit Lotte Pfannenschmidts, die dazu beiträgt, dass die Osnabrücker Freundinnen und Freunde auch nach dem Tod ihres Mannes weiterhin das offene Haus am Siepenbach besuchen[49].

Abb. 4: Lotte Pfannenschmidt Anfang der 1950er Jahre

---

48 Heute Ústí nad Labem, Tschechien.
49 Die Freundschaft Lotte Pfannenschmidts und ihrer Kinder zu Hollmann, Buck und Meyer besteht über Jahrzehnte fort. Lotte wird bis zum Lebensende Witwe bleiben und die schwarze Trauerkleidung nicht mehr ablegen.

Vertreibung

Mit der Machtübernahme durch die Nationalsozialisten 1933 wird der Antisemitismus Teil der deutschen Politik auf allen Verwaltungsebenen, vom Reich bis in die kleinste Gemeinde. Aus Hass, Spott und Hetze von der »*Volkstribüne*« herab werden immer öfter reale Taten. Auch die Juden in Hennys Heimatstadt Quakenbrück sind dem sich stetig verstärkenden und radikalisierenden Prozess der Verfolgung ausgesetzt. Als der Jüdische Pfadfinderbund Deutschlands (J.P.D.) für Pfingsten 1935 eine Tagung in Quakenbrück plant, lehnt die Stadt das ab:

> »Mit Rücksicht auf die örtlichen Verhältnisse kann die erbetene Genehmigung aus sicherheitspolizeilichen Gründen nicht erteilt werden.«[50]

Im August 1935 wird ein Schild mit der Aufschrift »Juden unerwünscht« am städtischen Schwimmbad aufgestellt. Wenig später verpflichten sich die Beschäftigten der Quakenbrücker Behörden, nicht mehr bei Juden zu kaufen[51]. Die Familie Hirsch wird zusehends isoliert. Die Nachbarn in der Gartenstraße werden aufgefordert, den Kontakt mit ihr abzubrechen. Ein nationalsozialistischer »Parteigenosse« warnt, wer sich nicht daran halte, müsse mit unangenehmen Konsequenzen rechnen.[52]

Die Familie verschließt vor den negativen Veränderungen im Zusammenleben mit der nichtjüdischen Bevölkerung nicht die Augen. Anders als viele andere deutsche Juden, die noch immer glauben, der »Spuk des Nationalsozialismus« gehe rasch vorbei, erkennt sie die wachsende Gefahr. Hier gibt es für sie keine Zukunft mehr. Ruth, die älteste Tochter der Familie Hirsch, ist die erste, die einen

---

50 Siehe Penners, S. 500f.
51 Siehe Tamar Avraham / Daniel Fraenkel: Osnabrück, in: Herbert Obenaus (Hg.) in Zusammenarbeit mit David Bankier und Daniel Fraenkel: Historisches Handbuch der jüdischen Gemeinden in Niedersachsen und Bremen, Band 2 (Lexikonteil), Göttingen 2005, S. 1196–1220.
52 Für Informationen zu den Nachbarschaftsbeziehungen der Familie Hirsch in der Gartenstraße danke ich Frau Renate Rengermann, Quakenbrück.

Ausweg findet. Schon 1935 wandert sie mit Genehmigung der staatlichen Behörden in das britische Mandatsgebiet Palästina aus.[53] Im Mai 1936 folgt ihr der jüngste Bruder, Fritz, dorthin[54]. Im November 1936 meldet sich die Tochter Olga nach Südafrika ab. In einem Schreiben des Bürgermeisters an das Landratsamt heißt es, sie wolle »*sich dort nur besuchsweise aufhalten.*[55]« Dass das nicht so ist, dürfte allen Seiten klar gewesen sein. Nach Südafrika ist das ebenfalls aus Quakenbrück stammende Ehepaar Albert und Ruth Simon bereits 1933 emigriert. Es sorgt dafür, dass Olga und weitere verfolgte Juden aus Quakenbrück und Badbergen dort eine erste Anlaufadresse haben.

Am 15.9.1936 werden auf dem 7. Reichsparteitag der NSDAP in Nürnberg zwei Gesetze angenommen, die den Antisemitismus auf eine juristische Grundlage stellen. Mit dem »*Reichsbürgergesetz*« wird allen Staatsangehörigen, die nach der Auffassung der Nationalsozialisten nicht »*deutschen oder artverwandten Blutes*« sind, und damit auch der Familie Hirsch, die Reichsbürgerschaft entzogen[56]. Das »*Blutschutzgesetz*«, offiziell »*Gesetz zum Schutz des deutschen Blutes und der deutschen Ehre*«, verbietet die Eheschließung, sowie den außerehelichen Geschlechtsverkehr zwischen Juden und Nicht-Juden[57]. Im Fall eines Verstoßes drohen Gefängnis oder eine Geldstrafe. Schon im November 1936 kommt es auf der Grundlage des »*Blutschutzgesetzes*« zu Ermittlungen gegen Siegfried Hirsch. Sein Mitarbeiter Albert Steinheim hat eine »arische« Mutter und einen jüdischen Vater. Zudem ist er evangelisch getauft. Er ist nach jüdischem Verständnis also Nicht-Jude.[58] Nach der Rassenideologie der Nationalsozialisten gilt er jedoch als »*jüdischer Mischling ersten Grades*«. Nun beantragt er die nach dem sogenannten »*Blutschutzgesetz*« erforderliche Genehmigung zur Heirat mit

---

53 Der Völkerbund hatte den Briten 1920 das Mandat für Palästina übertragen, unter anderem, um dabei zu helfen, dort eine »nationale Heimstätte für das jüdische Volk« zu errichten. Im Verlauf der Jahre 1930–1939 (5.Alija) kommen ca. 250.000 Juden überwiegend aus Polen und Deutschland nach Palästina. Die Auswanderung aus Deutschland wird von den Nationalsozialisten zu diesem Zeitpunkt noch als »Beitrag zur Lösung der Judenfrage« betrachtet und gefördert.

54 NLA OS Rep 450 Bers Akz 21_1984 Nr 425b. Schreiben des Bürgermeisters von Quakenbrück an das Landratsamt Bersenbrück vom 2.6.1936. Fritz ist zu diesem Zeitpunkt 16 Jahre alt. Vermutlich erhält er sein Einreisezertifikat über die Zertifizierungskategorie »Jugendalija«. Es handelt sich dabei um Sonderzertifikate für Jugendliche zwischen 15 und 17 Jahren, die in begrenzter Zahl direkt von der Jewish Agency in Jerusalem, dem offiziellen jüdischen Verhandlungspartner der britischen Mandatsverwaltung, ausgestellt werden.

55 A.a.O. Schreiben des Bürgermeisters von Quakenbrück an das Landratsamt Bersenbrück vom 25.11.1936.

56 »Reichsbürgergesetz« vom 15.9.1935 (RGBL I S. 1146).

57 »Gesetz zum Schutze des deutschen Blutes und der deutschen Ehre« vom 15.9.1935 (RGBL 1935, Teil I Nr. 100).

58 Nach der Halacha, dem rechtlichen Teil der jüdischen Überlieferung, ist nur Jude, wer Kind einer jüdischen Mutter ist oder nach einer Glaubensprüfung vor dem Rabbinatsgericht (Beth Din) zum Judentum konvertiert.

der »*deutschblütigen deutschen Staatsangehörigen*« Katharina Wellinghorst. Der Antrag wird nach umfangreichen Ermittlungen und ausführlichen medizinischen und »rassebiologischen« Untersuchungen durch den Amtsarzt in Bersenbrück schließlich abgelehnt[59]. Da beide Heiratswillige das Haus der Familie Hirsch in der Gartenstraße 8 als Wohnadresse angegeben hatten, äußert der Bürgermeister von Quakenbrück den Verdacht, dass Katharina Wellinghorst dort »*in verschleierter Form irgendwie ihre bisherige Tätigkeit*« als Hausangestellte weiter ausübt[60]. Das wäre ein Vergehen gegen § 3 des sogenannten »Blutschutzgesetzes«, nach dem es Juden verboten ist, »*weibliche Staatsangehörige deutschen oder artverwandten Blutes unter 45 Jahren in ihren Haushalten*« zu beschäftigen[61]. Umgehend werden polizeiliche Ermittlungen aufgenommen.

Am 23.11.1936 teilt das Landratsamt Bersenbrück dem Bürgermeister bedauernd mit, es bestehe wegen mangelnder Belege »*wohl keine Möglichkeit, gegen Katharine Wellinghorst und den Juden Hirsch vorzugehen.*« Weitere Nachforschungen sollten angestellt werden, um doch noch Strafanzeige erstatten zu können. Aber auch der mit erneuten »*dienstlichen Feststellungen beauftragte Polizeibeamte*« in Quakenbrück kann den Verdacht nicht belegen.[62]

Der Handelsbetrieb der Familie Hirsch ist zu diesem Zeitpunkt bereits zum Erliegen gekommen. Schon im Juli 1936 teilt Recha Hirsch als Inhaberin der Viehhandlung der Stadt Quakenbrück mit, dass ihr Geschäft seit längerer Zeit ruhe und ergänzt: »*Eine Begründung erübrigt sich, ist ja auch allgemein bekannt.*«[63] Im Dezember 1937 wird der Betrieb gewerbepolizeilich abgemeldet. Damit ist den Eheleuten Hirsch die wirtschaftliche Existenz endgültig entzogen. Spätestens jetzt ist klar, dass auch Hennys Eltern als letzte Familienmitglieder Quakenbrück verlassen müssen.

---

59 Der Antrag wird am 12.4.1937 vom Preußischen Innenministerium abgelehnt (NLA OS Rep 450 Bers Akz 21–1984 Nr. 425). Albert Steinheim gelingt es zu seinem Halbbruder nach London zu entkommen, nachdem er sich zeitweise bei seinen zukünftigen Schwiegereltern in Bippen versteckte. Nach dem Kriegsende kehrt er nach Quakenbrück zurück und heiratet Käthe Wellinghorst. Für die Hinweise zum weiteren Schicksal von Albert Steinheim und Käthe Wellinghorst nach 1945 danke ich Frau Renate Rengermann, Quakenbrück.
60 NLA OS Rep 450 Bers. Akz. 21/1984 Nr. 753, Schreiben des Bürgermeisters von Quakenbrück an das Landratsamt Bersenbrück vom 26.10.1936.
61 § 3 des »Gesetzes zum Schutz des deutschen Blutes und der deutschen Ehre« vom 15.9.1935 (RGBL 1935, Teil I Nr. 100).
62 NLA OS Rep 450 Bers. Akz. 21/1984 Nr. 753, Schreiben des Bürgermeisters von Quakenbrück an das Landratsamt Bersenbrück vom 28.12.1937.
63 NLA OS Dep 50 b 1 Nr. 2084 und Penners, S. 501f.

Abb. 5: Das Haus der Familie Hirsch in der Gartenstraße in Quakenbrück heute

Ehe und Emigration

Aber noch ein letztes Mal richten Recha und Siegfried Hirsch in Quakenbrück ein kleines Fest im privaten Kreis aus. Henny heiratet. Im Mai 1936 hatte sie eine neue Beschäftigung als Kaufmännische Angestellte in Bielefeld gefunden. Wie es in der Familie ihrer Nachkommenschaft erzählt wird, lernte sie ihren Mann beim Besuch eines Spiels des Fußballvereins DSC Arminia kennen.[64] Der Bräutigam, Heinz Koppel, wurde am 28.9.1908 in Bielefeld geboren.[65] Sein Vater ist Metallwarengroßhändler und besitzt zeitweise ein Unternehmen für Fahrradbau. Heinz und sein jüngerer Bruder Georg besuchten ein Gymnasium und studierten später Betriebswirtschaft. Nach ersten beruflichen Tätigkeiten in Köln, Luxemburg und Mainz hatte Heinz Koppel im April 1937 eine Stelle in der alteingesessenen Handelsfirma Benzian in Hamburg angetreten und war dorthin gezogen.[66] Einer der Eigentümer, John Benzian, ist der Ehemann seiner Tante Paula.[67] Die zivile Trauung von Henriette Hirsch und Heinz Koppel findet am 7.1.1938 vor dem Standesamt Quakenbrück statt.[68] Die Heirat ist zugleich ein endgültiger Abschied von der alten Heimat. Henny Koppel-Hirsch[69] wird wie ihre Eltern nie

---

[64] Heinz war bis zu seinem zwangsweisen Ausschluss 1933 aktives Mitglied von Arminia Bielefeld. Auskunft Patrick Lippek, Beauftragter Fußballkultur und Soziales, DSC Arminia Bielefeld, vom 21.4.2023.

[65] Bestand 104,2.20/Standesamt Bielefeld, Personenstandsregister, Nr. 100-1908-3, Geburtenregister 1908, Bd. 3 (Eintrag Nr. 1511).

[66] Die »Benzian & Co., Metall- und Chemikalienbörse, Import, Export und Großhandlung mit Neu- und Altmetallen, Chemikalien, Bergwerks- und Hüttenprodukten« besteht in Hamburg seit 1880. Sie wird in 2. Generation von den Brüdern Felix und John Benzian geführt. Zum Unternehmen gehören weitere Firmen im Ausland.

[67] Paula Benzian-Koppel (1889–1992) ist die Schwester von Max Koppel, des Vaters von Hennys Ehemann Heinz.

[68] Standesamt Quakenbrück Nr. 2/1938. Heiraten finden traditionell am Wohnort der Braut statt. Auch Hennys Eltern hatten im Heimatort von Recha Hirsch, in Linz am Rhein, geheiratet.

[69] Henriette Hirsch trägt nach ihrer Heirat den Ehenamen Koppel. Wenn für sie und ihre Familie im Folgenden der Doppelname Koppel-Hirsch verwendet wird, geschieht dies, um die »personale Kontinuität« zu betonen.

wieder hierhin zurückkehren. Den Eltern gelingt es noch, das Wohnhaus in der Gartenstraße an eine Bekannte zu verkaufen.[70] Im August 1938 verlässt Siegfried Hirsch Quakenbrück und Deutschland. Sein Ziel ist das britische Mandatsgebiet Palästina[71]. Seine Frau folgt ihm einige Monate später, Anfang 1939[72]. In Palästina leben bereits ihre älteste Tochter, Ruth, und ihr jüngster Sohn, Fritz.

Die Lage der noch in Deutschland wohnenden Juden verschlechtert sich in den Monaten nach der Heirat Hennys im Januar 1938 schnell. Den ersten Höhepunkt erreichen die vom NS-Regime organisierten und gelenkten Gewaltmaßnahmen in den Novemberpogromen. Am 10.11.1938 ist Quakenbrück davon betroffen. SA-Männer setzen die Synagoge an der Kreuzstraße in Brand. Liturgische Geräte und die Thorarollen werden auf die Straße geworfen. Die Feuerwehr hilft der SA beim Einreißen der Giebelwände. Fünf jüdische Quakenbrücker werden verhaftet, vier von ihnen in das KZ Buchenwald verschleppt.[73] Überall in Deutschland beginnt die systematische Vertreibung und Unterdrückung der Juden, die schließlich in den Versuch der vollständigen Vernichtung alles jüdischen Lebens münden wird. Auf wirtschaftlichem Gebiet werden die Maßnahmen zur »Arisierung« oder »Entjudung« verschärft. Jüdisches Vermögen muss deklariert werden. Es wird eine willkürliche Sonderabgabe, die »Judenvermögensabgabe[74]« erhoben. Weitere gesetzliche Regelungen entziehen jede Möglichkeit einer wirtschaftlichen Betätigung und zwingen zum Verkauf der letzten jüdischen Unternehmen und Immobilien.

Hennys Eltern haben auf ihrem Weg nach Palästina inzwischen die britische Kronkolonie Zypern erreicht. Weil ihnen die notwendige Einreiseerlaubnis der britischen Mandatsmacht für Palästina fehlt, können sie aber nicht weiterreisen[75]. Für mehr als 2 Jahre werden Siegfried und Recha Hirsch Teil der großen

---

70 Käuferin ist Catharina Ostermann aus Herbergen bei Essen/Oldenburg.
71 Siegfried und Recha Hirsch haben auch eine Einreisegenehmigung für Swaziland bzw. Südafrika, auf die sie aber 1938 verzichten. In Südafrika lebt ihre zweitälteste Tochter Olga. RINGS, S. 188f.
72 PENNERS, S. 502.
73 Einer der Deportierten stirbt zwei Tage nach seiner Ankunft im Lager Buchenwald. Die drei anderen werden im Dezember bzw. Januar mit der Auflage entlassen, »sich um baldige Auswanderung zu bemühen«. PENNERS, S. 503f.
74 Die als »Sühneleistung für die feindliche Haltung des Judentums gegenüber dem deutschen Volk« bezeichnete Sonderabgabe wird von allen Juden mit einem Vermögen über 5000 Reichsmark erhoben und beträgt zunächst 20 %, später 25 %. »Verordnung über eine Sühneleistung der Juden deutscher Staatsangehörigkeit« vom 12.11.1938 (RGBL I S. 1579).
75 Wenn die Erzählungen in der Familie ihrer Nachfahren stimmen, kommen Siegfried und Recha zwar bis nach Palästina, werden jedoch von den britischen Behörden nach Zypern zurückgeschickt.

Gruppe hier gestrandeter jüdischer Flüchtlinge[76]. Als im Juni 1941 nach der Eroberung Kretas durch deutsche Truppen eine Invasion Zyperns droht, beschließen die Briten kurzfristig die Evakuierung der dort lebenden Juden. In den ersten Junitagen 1941 erhalten die Betroffenen Nachricht von dem bevorstehenden Transport nach Palästina. Sie müssen sich registrieren lassen und dürfen jeweils nur 2 Gepäckstücke mitnehmen. Als ein Registrierungsbeamter anzweifelt, dass Siegfried Hirsch trotz seiner stattlichen Figur in der Lage ist, die beiden mitgeführten Koffer zu tragen, hebt er sie gleichzeitig auf Schulterhöhe an und kollabiert.[77] Er stirbt am 10.6.1941 in Larnaka[78]. Nur wenige Tage später wird seine Frau Recha mit einem Evakuierungsschiff vom Hafen Famagusta aus nach Haifa transportiert[79]. Die aus Zypern Evakuierten haben aber kein Bleiberecht für Palästina. Sie werden bis zur geplanten Weiterreise in einem Zeltlager bei Tel Aviv untergebracht. Recha gelingt es, das Lager zu verlassen und zu ihrer Tochter Ruth zu kommen[80]. Während zumindest Hennys Mutter auf diese Weise ihr Leben retten kann, entkommen die in Deutschland gebliebenen Eltern ihres Mannes Heinz Koppel, Max und Ida Koppel-Rewald, nicht der Deportation durch das NS-Regime. Sie sterben wie zahlreiche weitere Verwandte von Henny und Heinz in deutschen Konzentrationslagern.[81]

---

76 Zeitweise ist Siegfried Hirsch zusammen mit allen anderen aus Zentraleuropa eingereisten männlichen Personen als »feindlicher Ausländer« in einem Lager in den Troodos-Bergen (Hotel Berengaria) interniert. Die Freilassung erfolgt erst nach ausführlichen Befragungen.

77 E-Mail Usi Ron vom 21.7.2024. Die Angaben der Familie zu den Todesumständen Siegfried Hirschs stimmen mit den Aussagen eines Augenzeugen überein. Dieser gibt allerdings 1989 den Namen des ihm nicht näher bekannten Toten wohl irrtümlich mit »Mr. Wolf« an. Siehe »Recollections of one participant in the Evacuation of the Jewish Community from the British Colony of Cyprus in 1941« by Frederick Wohl. US Holocaust Memorial Museum (USHM) Acc. 1989.292 / RG-03.009.01, S. 2.

78 Es ist der 15. Siwan 5701 nach der jüdischen Zeitrechnung. Zum Tod des Vaters heißt es in einem Telegramm an Henny und Heinz Koppel, dass er »*an seinem Herzfehler sanft entschlafen ist*«. Telegramm von Paula und John Benzian aus Stockholm vom 16.6.1941. Nachlass Koppel-Hirsch, Familie Ron, Ra'anana-Haifa/IL (Nachlass Koppel-Hirsch).

79 List of names and addresses of those Jews evacuated from Cyprus to Tel Aviv, Palestine, in June 1941. Adressenliste per 1. September 1941. Anhang zu »Recollections of one participant in the Evacuation of the Jewish Community from the British Colony of Cyprus in 1941« by Frederick Wohl. US Holocaust Memorial Museum (USHM) Acc. 1989.292 / RG-03.009.01 US Holocaust Memorial Museum (USHM) Acc. 1989.292 / RG-03.009.01.

80 Die Evakuierten, die nicht bei Bekannten oder Verwandten untertauchen können, müssen das Mandatsgebiet schon bald wieder verlassen. Im November 1941 werden sie über den Suezkanal nach Ostafrika verschifft.

81 Max Koppel, geboren am 31.3.1883 in Hohenlimburg, wird erstmals am 12.11.1938 verhaftet und in das Konzentrationslager Buchenwald gebracht. Am 29.11.38 kommt er wieder frei. Später wohnt er mit seiner Frau Ida Koppel-Rewald, geboren am 15.6.1885 in Greifenberg/Pommern, und deren Schwester Betty Rewald in Berlin. Sie besitzen ein Kuba-Visum vom 23.11.1941. Dennoch werden sie am 28.3.1942 in das Transit-Ghetto Piaski deportiert. Am 8.9.1942 kommt von dort eine letzte Nachricht. Danach verliert sich die Spur. www.collections.yadvashem.org/en/documents/3686918, Dr. Abraham Silberschein Archive, Record Group

Im Herbst 1938 muss auch die Hamburger Firma Benzian & Co., bei der Heinz Koppel beschäftigt ist, schließen. Ihre jüdischen Eigentümer, Heinz Onkel John und dessen Bruder Felix, emigrieren nach Schweden.[82] Die Benzian-Brüder besitzen dort eine weitere Firma, die Erik Lindblom Co. in Stockholm. Henny und Heinz Koppel verlassen Anfang 1939 ebenfalls das Deutsche Reich und ziehen in die Niederlande, nach Amsterdam.[83] Die weltoffene Stadt bietet mit ihren guten Verkehrsanbindungen hervorragende Voraussetzungen für den Großhandel mit Metallen und Chemikalien. Die neutrale Haltung der Niederlande gegenüber dem Reich erhöht kurz vor Beginn des Krieges sogar noch die Bedeutung Amsterdams als Warenumschlagplatz. Heinz übernimmt die Leitung der niederländischen Filiale der Firma seines Onkels John Benzian. Die Fortführung oder »*Zweite Gründung*«[84] des ehemaligen Hamburger Traditionshandelsgeschäftes in Amsterdam ist von Beginn an erfolgreich und lukrativ.

Am 10.5.1939 bezieht das Ehepaar Koppel-Hirsch eine Wohnung am Merwedeplein 46, II. Etage, in Amsterdam Süd. Die moderne Wohnanlage, die Anfang der 1930er Jahre entstand, hat die Form eines gleichschenkligen Dreiecks. An dessen Spitze steht ein 12geschossiges Gebäude, »De Wolkenkrabber«, das höchste Wohnhaus der Niederlande. Am Merwedeplein leben viele jüdische Emigrantenfamilien. Den Koppels schräg gegenüber, nur wenige Schritte entfernt, wohnt die Familie von Otto Frank und seiner Tochter Anne, die durch ihre Tagebücher postum weltberühmt wird.[85]

Am 10.5.1940 marschieren deutsche Truppen in die neutralen Niederlande ein. Von den Besatzern wird eine deutsche Zivilverwaltung unter Reichskommissar Seyß-Inquart eingerichtet. Ihm unterstehen vier Generalkommissare[86].

M 20 (SILBERSCHEIN ARCHIVE), File 27, Nr. 3. Henny verliert mindestens 4 Onkel und Tanten, z. T. mit ihren Ehepartnern, im Holocaust. Siehe RINGS, S. 188f.

82 Mit John Henry Benzian emigrieren seine Frau Paula geb. Koppel und sein Bruder Felix mit Frau nach Schweden. Felix stirbt dort bereits 1941.

83 Ab dem 18.2.1939 sind sie zunächst in der Frans van Mierisstraat 77 in Amsterdam gemeldet.

84 Die Formulierung wird von Usi Ron, dem späteren Schwiegersohn von Henny und Heinz Koppel verwendet. Er ist Leiter einer bedeutenden Chemiehandelsfirma in Israel, die er als die 3. Gründung des Handelsgeschäftes bezeichnet.

85 Die Familie Frank wohnt ab Dezember 1933 am Merwedeplein 37. Anfang Juli 1942 muss sie die Wohnung verlassen und in ein Versteck in Otto Franks Firma in der Prinsengracht 263 untertauchen. Seit 2017 wird die im Stil der 1930er Jahre renovierte Wohnung der Familie Frank am Merwedeplein für jeweils ein Jahr »refugee writers« zur Verfügung gestellt, die in ihrem Heimatland verfolgt werden. Rian Verhoeven: Anne Frank was niet alleen. Het Merwedeplein 1933–1945. Amsterdam 2019.

86 Seyß-Inquart und drei der vier Generalkommissare stammen aus Österreich. Die niederländische Bevölkerung bezeichnet sie daher als »Donauklub«. Alle gelten als ausgeprägte Antisemiten. Siehe Andreas Schrabauer: »… die österreichische Invasion«. Zur Beteiligung des ›Donauklubs‹ an der Beraubung, Verfolgung und Ermordung der Jüdinnen und Juden im Reichskommissariat Niederlande, in: Dokumentationsarchiv des österreichischen Widerstandes (Hg.): Täter. Österreichische Akteure im Nationalsozialismus, Wien 2014, S. 195–201.

Abb. 6: Merwedeplein in den 1930er Jahren

Eine besondere Stellung hat dabei der »Generalkommissar für das Sicherheitswesen«, SS-General Rauter. Er ist gleichzeitig »Höherer SS- und Polizeiführer (HSSPF) Nordwest« in den besetzten Niederlanden und in dieser Funktion nicht dem Reichskommissar, sondern direkt dem Reichsführer SS Heinrich Himmler unterstellt. Als ranghöchster SS-Führer ist Rauter verantwortlich für die Verfolgung der Juden. Die einheimische jüdische Bevölkerung und die aus Deutschland geflohenen jüdischen Emigranten, die sich bis dahin relativ sicher fühlten, befinden sich plötzlich wieder in großer Gefahr. Es ist nur eine Frage der Zeit, bis sie auch hier erfasst und verfolgt werden. Heinz Koppel kann seine berufliche Tätigkeit zunächst fortführen, da sie als kriegswichtig angesehen wird. Die deutsche Rüstungsindustrie benötigt Rohstoffe, vor allem im Bereich Erze und Chemie. Deren Beschaffung hat noch Priorität.

Im Januar 1941 beginnt die deutsche Besatzungsbehörde mit den Vorbereitungen zur »*Endlösung der Judenfrage*« in den Niederlanden. Zu diesem Zweck erlässt sie am 13.1.1941 die Verordnung 6/41. Sie bestimmt in Artikel 1:

> »Personen, die ganz oder teilweise jüdischen Blutes sind und ihren Wohnsitz in den besetzten niederländischen Gebieten haben, müssen nach Maßgabe der folgenden Bestimmungen angemeldet werden.«[87]

Von der »Meldeaktion nach VO 6/41«, die im Auftrag der Deutschen von der niederländischen Reichsinspektion der Bevölkerungsregister unter ihrem Leiter Jacobus Lentz vorbereitet und durchgeführt wird, sind auch Henny und ihr Mann betroffen. Sie wie alle gemeldeten Personen sind von nun an mit ihren persönlichen Angaben und ihrer Adresse als Juden erfasst und jederzeit auffindbar. Im

---

87 Verordnung betreffend die Meldepflicht von Personen voll- oder teilweise jüdischen Blutes (VO 6/41) vom 10.1.1941.

Februar 1941 zwingen die Deutschen führende Vertreter des niederländischen Judentums dazu, einen »Judenrat« zu gründen. Der »Joodsche Raad voor Amsterdam[88]« befindet sich in einem unauflöslichen Dilemma. In der Hoffnung, mit seiner Arbeit größeren Schaden abwenden zu können, wird er gezwungenermaßen zum Ansprechpartner der von der SS eingerichteten »Zentralstelle für jüdische Auswanderung in Amsterdam«, die in Wahrheit die Deportation in die Vernichtungslager organisiert[89]. Mit einer ersten großen Razzia am 22.2.1941 beginnt die aktive Phase der Judenverfolgung in den Niederlanden. Im August 1941 wird für die gesamte erwachsene Bevölkerung in den Niederlanden, etwa 7 Millionen Menschen, darunter zahlreiche Ausländer (»Vreemdelinge«), ein fälschungssicherer Identitätsausweis (»Persoonsbewijs«) mit Passfoto und Fingerabdruck ausgestellt.[90] Er muss zur Legitimation ständig mitgeführt werden. Für die Juden im Land hat dieser Ausweis als Erfassungs- und Kontrollinstrument verheerende Folgen. Er ist auf der Vorderseite und neben dem Foto, mit dem Großbuchstaben »J« gestempelt. Alle Personalangaben sind über korrespondierende Nummern im Bevölkerungsregister ihrer Wohngemeinde und noch einmal in einem zentralen Bevölkerungsregister in Den Haag hinterlegt[91].

Spätestens im November 1941 verlieren Henny und ihr Mann offiziell die deutsche Staatsangehörigkeit[92], gelten also ab jetzt als Staatenlose. Ab 3.5.1942 müssen sie wie alle »Volljuden« verpflichtend einen »Judenstern« tragen[93]. Er hat die Aufschrift *»Jood«* (Jude) in pseudo-hebräischen Buchstaben. Es folgen weitere Verordnungen, die vor allem ihre Bewegungsfreiheit erheblich einschränken, zum Beispiel die Verhängung von Ausgangssperren zwischen 20.00 Uhr und 6.00 Uhr, das Verbot zur Benutzung von Verkehrsmitteln und die Beschränkung von Einkaufsmöglichkeiten auf die Zeit von 15.00 Uhr bis 18.00 Uhr. Geldver-

---

88 *»Judenräte«* (»Joodsche Raaden« oder »Joodse Raaden«) werden von SS und Gestapo auch in anderen Regionen des Landes eingerichtet. Der »Judenrat für Amsterdam« ist der wichtigste und am längsten bestehende.
89 Die »Zentralstelle für jüdische Auswanderung«, kurz »Zentralstelle«, hat niemals Auswanderungen in nennenswertem Umfang vorbereitet oder durchgeführt. Die SS hatte sich bereits für die Ostdeportation in die Vernichtungslager entschieden.
90 Henny Koppel-Hirsch erhält den Ausweis A35/8740. Der Ausweis von Heinz Koppel trägt die Nummer A35/9732. Das Kürzel »A35« steht jeweils für den Ausstellungsort, die Stadt Amsterdam.
91 In den Gemeinderegistern sind die Karteikarten jüdischer Bewohner mit einem Kartenreiter gekennzeichnet. Duplikate werden an die Reichsinspektion der Bevölkerungsregister in Den Haag weitergeleitet und erneut kontrolliert. Schließlich werden die Daten auf (Hollerith-) Lochkarten übertragen. Namen, Adressen, Fotos und Fingerabdrücke und auch die Religionszugehörigkeit bzw. -zuordnung von mehr als sieben Millionen Menschen können so mit der zentralen Datei abgeglichen werden.
92 Nach § 2 der 11. VO zum Reichsbürgergesetz vom 25.11.1941 verlieren Juden die deutsche Staatsangehörigkeit, wenn sie ihren *»gewöhnlichen Aufenthalt im Ausland«* hatten. § 3 legt fest, dass ihr Vermögen dem Deutschen Reich »verfällt«. (RGBL.I,1941).
93 Bei Verstoß gegen die Tragepflicht drohen 6 Monate Gefängnis oder 1000 Gulden Geldstrafe.

Ehe und Emigration 39

mögen und Wertgegenstände, oft die einzige verbliebene Quelle für den Lebensunterhalt, müssen bis auf einen kleinen Restbetrag bei der von den Deutschen zweckentfremdeten Liro-Bank hinterlegt werden[94]. Das kommt einer Zwangsenteignung gleich. Am 15.7.1942 beginnt die Deportation der ersten niederländischen Juden und der in den Niederlanden lebenden ausländischen Juden vom Sammellager Westerbork aus in die Vernichtungslager im Osten.[95] Sie betrifft zunächst die Bewohner der ländlichen Gebiete. Aber es ist nur noch eine Frage der Zeit, bis die Stadt Amsterdam und das dort lebende Ehepaar Koppel-Hirsch ebenfalls davon betroffen sein werden.

---

94 Das ehemalige Bankhaus Lippmann, Rosenthal & Co. (Liro-Bank) in Amsterdam war von den deutschen Besatzern übernommen worden. Von dem zwangseingezogenen Geld wird unter anderem die Deportation von Juden aus den Niederlanden bezahlt.
95 Die mehr als 100 Transporte haben zunächst das Ziel Auschwitz und ab März 1943 auch Sobibor. Einige kleinere Transporte gehen ab April 1943 bzw. Januar 1944 in das sogenannte »Ghetto Theresienstadt« und das Austauschlager Bergen-Belsen.

Wiedersehen in den Niederlanden

Zu diesem Zeitpunkt lebt Hennys ehemaliger Arbeitgeber, der Osnabrücker Rechtsanwalt Hans Calmeyer, schon seit über zwei Jahren ebenfalls in den Niederlanden. Er war als Soldat der deutschen Besatzungsarmee im Mai 1940 hierhergekommen.[96] Anfang 1941 findet er eine Beschäftigung beim deutschen »Reichskommissariat für die besetzten Niederlande«. Dabei wird er von einem Bekannten, dem ehemaligen Osnabrücker Regierungsvizepräsidenten Dr. Carl Stüler, protegiert, der als Hauptabteilungsleiter »Inneres« beim Generalkommissar für Verwaltung und Justiz tätig ist. Jetzt kann Calmeyer die graue Soldatenuniform gegen Zivilkleidung tauschen. Er beginnt seinen Dienst in einem Büro im Haager Binnenhof, dem Sitz der niederländischen Regierung. Schon bald ist er Stülers *wichtigster Mitarbeiter*[97]. Stülers Behörde ist auch mit der Überwachung der bereits erwähnten »Meldeaktion« nach VO 6/41 und mit der Auswertung der Meldedaten befasst. In Artikel 3 (1) der Verordnung ist festgelegt:

> »Bei Zweifeln darüber, ob eine Person gemäß Artikel 2 als voll- oder teiljüdisch anzusehen ist, entscheidet auf Antrag der Reichskommissar für die besetzten niederländischen Gebiete oder die von ihm bestimmte Behörde.«

---

96 Der Schriftsteller Johannes Bobrowski diente zur selben Zeit wie Calmeyer in derselben Luftnachrichteneinheit in den Niederlanden. Sie könnten sich also begegnet sein. Niebaum vermutet, dass Calmeyer Bobrowski 1964/65 in Ostberlin besucht haben »*muss*«. (NIEBAUM, S. 359). 1966 schreibt Calmeyer mit Bewunderung: »*Unvergleichliche Begegnung mit Bobrowski.* ›*Wir sind fortgezogen. Wo wir einst gewohnt, steht nur Rauch. Bruderherz, wie ist es Dir zumute?*‹« Handschriftlicher Vermerk vom 13.9.1966 auf der Rückseite eines Fotos von Bobrowski; NLA OS Dep 107 Akz. 5/1995 Nr. 42. In dem leicht veränderten Zitat aus Bobrowskis Roman »Lewins Mühle«, sieht Calmeyer wohl sein eigenes Schicksal eines »*Unbehausten*«. Gleichzeitig spiegelt es das Schicksal von Henny Koppel-Hirsch und ihrer Familie. Es ist daher dieser Arbeit vorangestellt. Johannes Bobrowski: Lewins Mühle. 34 Sätze über meinen Großvater, Berlin 1964 (Ost-Ausgabe), S. 226f.

97 Siehe MIDDELBERG, S. 41f.

Zu diesem Zweck wird von den Deutschen die Abteilung Innere Verwaltung als »*Entscheidungsstelle für die Meldepflicht aus VO 6/41*« bestimmt. Bei ihr können alle deutschen Besatzungsstellen in den Niederlanden, die niederländischen Meldebehörden oder die Betroffenen selbst einen Prüfungsantrag stellen, ob eine Person bei der Meldeaktion »*rechtmäßig oder fälschlicherweise*« als ganz oder teilweise jüdisch eingestuft wurde. Die Entscheidungsstelle ist also ausschließlich für bereits als Juden registrierte »Zweifelsfälle« zuständig. Der Antrag auf Umstufung in die Gruppe der »Mischlinge« ersten oder zweiten Grades (G I / G II), die nicht den vollen Sanktionen der Judengesetzgebung unterliegen, wird in der Regel von den Betroffenen oder ihren Rechtsvertretern gestellt. Im März 1941 wird Hans Calmeyer Chef der Abteilung Innere Verwaltung und damit gleichzeitig Leiter der »Entscheidungsstelle nach VO 6/41«.[98] Er übernimmt freiwillig eine folgenschwere Aufgabe im arbeitsteiligen Machtapparat des Reichskommissariats, das beschlossen hat, die Niederlande »judenfrei« zu machen. Die unmittelbare Zuständigkeit für die Judenverfolgung und Deportation liegt zwar beim »Judenreferat« des Befehlshabers der Sicherheitspolizei (Sipo) und des Sicherheitsdienstes (SD), aber Calmeyer ist jetzt tief verstrickt in das Vernichtungswerk der physischen »*Endlösung*«. Er weiß, dass negative Beschlüsse seiner Dienststelle für die Betroffenen fatale Konsequenzen haben. Schon Ende 1941, spätestens im folgenden Frühjahr, rät ihm ein Kollege im Reichskommissariat:

> »Herr Calmeyer, lassen Sie doch die Hände von diesen Judengeschichten. Sie machen sich ja nur unglücklich, und außerdem, Sie reden da immer von Mord. Kammerjäger hat es immer gegeben. Es handelt sich um Ungeziefervertilgung.«[99]

Dennoch entscheidet Calmeyer sich dafür, diese Tätigkeit fortzusetzen. Ein niederländischer Anwalt, der einige der Antragsteller gegenüber Calmeyers Behörde vertritt, beschreibt dessen Persönlichkeit und möglichen Handlungsmotive so:

> »Ein bemerkenswerter Mann; ein Jurist mit Ausstrahlung, hyperintelligent und ehrlich, ablehnend gegenüber dem Hitler-Regime, aber widerborstig, nervös und unberechenbar. Die Entscheidungen in allen Angelegenheiten lagen bei ihm. Er stand unter ständigem Druck seitens des SD, der ihm misstraute. Im Grunde wollte er helfen und er erkannte, dass es seine menschliche Pflicht war, zu helfen. Aber die Möglichkeit, dies zu tun, war begrenzt. Ihn quälte die Erkenntnis, dass das, was von ihm verlangt wurde, in

---

98 Auf die Arbeit der Entscheidungsstelle und ihres Leiters, Hans Calmeyer, wird hier nicht näher eingegangen. Eine ausführliche Darstellung findet sich in der bisher leider nur auf Niederländisch vorliegenden Monografie von Petra van den Boomgaard: Voor de nazi's geen Jood. Hoe ruim 2500 Joden door ontduiking van rassenvoorschriften aan de deportaties zijn ontkomen, Hilversum 2019 (VAN DEN BOOMGAARD).
99 »Oldenzaal Protokoll«. Abschrift eines Tonbandmitschnitts vom 13.5.1963, zitiert nach NIEBAUM, S. 38f. Es ist nicht sicher zu bestimmen, ab wann Calmeyer definitiv weiß, dass nahezu alle Deportierten der Tod erwartet.

Wirklichkeit Henkersarbeit war. Denn er wusste, dass seine Antragsablehnung ein Todesurteil bedeutete. Er versuchte seine Pflicht als Mensch mit seiner Pflicht als Amtsträger in Einklang zu bringen. Er fand sich in einer Situation wieder, in der er als Mensch versagte, wenn er seine Amtspflicht erfüllte, und als Amtsperson, wenn er nach seiner Menschenpflicht handelte.«[100]

Die Frage, welche Motive für Calmeyer bei seinen grundsätzlichen Entscheidungen und erst recht im jeweiligen Einzelfall bestimmend sind, kann wohl nicht abschließend beantwortet werden[101]. Er verstößt bei seiner relativ gut dokumentierten Arbeit[102] als Leiter der Entscheidungsstelle nicht offen gegen verwaltungsrechtliche Regeln. Seine Rettungshilfe ist reaktiv und resultiert aus einem steten Abwägen und Schwanken zwischen möglichen Alternativen. Dabei ist er bemüht, keine Angriffsfläche für seine Widersacher im Apparat der SS zu bieten. Er findet zwar Handlungsspielräume, lässt sich vermutlich sogar bewusst betrügen, fälscht aber nicht nachweislich selbst Unterlagen. Nach außen hält er sich strikt an die Vorschriften der Verordnung 6/41. Immerhin sind die auf einer »Zurückstellungsliste« *(»Calmeyerliste«)* erfassten Personen zunächst bis zum Abschluss des Klärungsverfahrens vor der Deportation geschützt. Ab dem 1.12. 1942 werden aber keine weiteren Personen in die Liste aufgenommen[103]. Es scheint erwiesen, dass die von Calmeyer geleitete Stelle bei 2439 Antragstellern (ca. 52 %) die »jüdische Rassezugehörigkeit« verneint. Bei mindestens 1532 Antragstellern (ca. 33 %) wird auf »jüdische Rassezugehörigkeit« entschieden bzw. der Antrag abgelehnt[104]. Sie sind damit de facto zur Deportation in ein Vernichtungslager freigegeben.

---

100 Anwalt Benno Stokvis: Advocaat in bezettingstijd, Amsterdam 1968, zitiert nach VAN DEN BOOMGAARD, S. 466f.
101 Nachdem Calmeyer von seinem ersten Biografen, Peter Niebaum, überwiegend als Held und Menschenretter dargestellt wurde, ist diese Sichtweise im Licht weiterer Forschungsergebnisse später teilweise ins Gegenteil verkehrt oder zumindest relativiert worden. Der 2024 veröffentlichte Dokumentarfilm »Der ambivalente Herr Calmeyer« zeigt, wie sein von außen widersprüchlich und erratisch erscheinendes Verhalten als Leiter der Entscheidungsstelle zu völlig gegensätzlichen Bewertungen seiner Motive, seines Handelns und Unterlassens führen kann. Dokumentarfilm von Reiner Wolf (Buch und Regie): Der ambivalente Herr Calmeyer. Chronik einer umstrittenen Würdigung, Deutschland 2024 (91 Min.), Produktion des Vereins für Kleinkunst, Kultur und Bildung e.V., Osnabrück.
102 Das Centrum Familiegeschiedenis (CBG) in Den Haag bewahrt in ihrer Calmeyer Collectie die mehrheitlich erhalten gebliebenen Dokumente der Entscheidungsstelle.
103 Die SS hatte den Antragsstopp für die Aufnahme in die »*Calmeyerliste*« beim Reichskommissar erwirkt. Allerdings wird die Regelung nicht stringent umgesetzt. Später eingegangene Anträge, »*selbst aus dem Frühjahr 1943*«, werden teilweise noch bearbeitet. Siehe MIDDELBERG, S. 124f.
104 Siehe VAN DEN BOOMGAARD, S. 462f, Tabelle 12.5. (Zählfehler in der Tabelle wurden berichtigt). Nach van den Boomgaard ist bei 699 Antragstellern (ca. 15 %) das Ergebnis des Entscheidungsverfahrens heute unklar. Sie weist auch darauf hin, dass Calmeyer in

Wann und auf welche Weise Hans Calmeyer und das Ehepaar Koppel in den Niederlanden wieder zusammentreffen, bleibt unklar. Es könnte, wie es die Nachkommen von Henny und Heinz Koppel vermuten, eine zufällige Begegnung auf den Straßen Amsterdams gewesen sein.[105] Das wäre denkbar. Obwohl der Dienstsitz der Entscheidungsstelle in Den Haag ist, hält sich Calmeyer im Rahmen seiner Tätigkeit oft in Amsterdam auf. Wahrscheinlicher ist es, dass das Ehepaar Koppel bei der Suche nach Hilfe auf den in den Kreisen jüdischer Verfolgter bereits bekannten Namen des Entscheidungsstellen-Leiters Calmeyer stößt und von sich aus Kontakt zu ihm aufnimmt. Es ist zu vermuten, dass schon bald darüber geredet wird, ob und wie über die Entscheidungsstelle eine Deportation zu verhindern oder zumindest eine Aufschiebung zu erreichen sei. Ein zeitweiliger Zuarbeiter Calmeyers, der niederländische Jurist van Proosdij[106], stellt diese Rettungsmöglichkeit in einem Jahrzehnte später aufgezeichneten Interview als Tatsache dar:

> »Calmeyer hatte eine jüdische Sekretärin, Frau oder Fräulein Koppel, glaube ich. Er hat sie gerettet. Sie wurde auch für nicht-jüdisch erklärt. Er muss natürlich gewusst haben, dass das nicht stimmt. Sie wurde als Nicht-Jüdin deklariert, irgendwie. Und ich habe keine Ahnung, wie wir sie rausgekriegt haben«.[107]

Die vage Behauptung van Proosdijs, Henny sei (von der Entscheidungsstelle) für »nicht-jüdisch« erklärt worden, ist jedoch eindeutig falsch. Es gibt keinerlei Hinweis auf einen wie auch immer beschiedenen Antrag »Koppel-Hirsch«[108]. Das ist nicht überraschend, denn Henny und ihr Mann stammen aus eindeutig jüdischen Familien. Sie sind in den Niederlanden als »Volljuden« registriert und so gekennzeichnet bereits aus Deutschland emigriert. Ein anderslautender Be-

---

135 Fällen von positiven Beschlussvorschlägen seiner Mitarbeiter abwich und die Anträge *»eigenmächtig und willkürlich«* ablehnte (a. a. O., S. 460f).
105 So soll sich auch Calmeyers 1995 verstorbener Sohn Peter erinnert haben. NIEBAUM, S. 219, Fußnote 261. Danach hätte das unerwartete Wiedersehen erst 1943 stattgefunden, also kurz vor der Verhaftung der Eheleute Koppel. Für eine Hilfe, wie sie die Nachkommen Henny Koppel-Hirschs schildern, wäre dann nur wenig Zeit gewesen.
106 Jacob (Jaap) van Proosdij aus der Anwaltskanzlei Kotting war zur Bearbeitung von Entscheidungsfällen sogenannter »portugiesischer Israeliten« eingestellt worden, um den eigentlich zuständigen niederländischen Mitarbeiter de Waard zu entlasten. Durch diese Tätigkeit hatte er einen nahezu täglichen Kontakt mit Calmeyer.
107 Auszug aus dem Spielberg-Interview mit Jacob van Proosdij, Nr. 45079 JHMA vom 28. Juni 1998, Pretoria/Südafrika, Interviewerin: Paula Slier. und Youtube: Rescue/Aid Provider Jaap Van Proosdij Testimony/USC Shoah Foundation, 1.17.10 bis 1.38.40 (INTERVIEW VAN PROOSDIJ).
108 In der umfangreichen Calmeyer Collection des Zentrums für Familiengeschichte im niederländischen Nationaal Archiv in Den Haag, in der die erhalten gebliebenen Fallakten der Entscheidungsstelle gesammelt sind, befindet sich kein entsprechender Antrag. Für die Recherche und Auskunft danke ich Jean Niewenhuijse, Conservator Collecties CBG in Den Haag. E-Mail vom 2. 6. 2023.

schluss der Entscheidungsstelle hätte erhebliche manipulative Eingriffe erfordert und wäre bei Nachprüfungen wohl zu offensichtlich als »falsch« erkennbar gewesen. Wenn es also zu irgendeinem Zeitpunkt Überlegungen gegeben haben sollte, Henny und ihren Ehemann mit den Mitteln des sogenannten »*verwaltungsrechtlichen Rettungswiderstands*«[109] für nicht-jüdisch zu erklären und so vor der Deportation zu bewahren, mussten sie letztlich als zu unsicher oder nicht durchführbar verworfen werden.

Von einem – allerdings misslungenen – Rettungsversuch für Henny geht offensichtlich auch die Holocaust-Erinnerungsstätte Yad Vashem aus, die Calmeyer seit 1992 postum als »Gerechten unter den Völkern« ehrt.[110] Sie erklärt, dass Calmeyer bei seiner Tätigkeit als Leiter der »Entscheidungsstelle«

> »mit äußerster Vorsicht vorgehen musste, um in dem zutiefst antisemitischen Umfeld, in dem er arbeitete, keinen Verdacht zu erregen. Nur gegenüber wenigen sorgfältig ausgewählten und zuverlässigen Vertrauten äußerte er seine tiefe Abscheu vor dem Nationalsozialismus im Allgemeinen und der Judenverfolgung im Besonderen. Er hat auch nie versucht, persönlich zugunsten der Juden zu intervenieren – mit Ausnahme eines bestimmten Falles, seiner ehemaligen Rechtsanwaltsgehilfin – ein Versuch, der scheiterte.«[111]

Leider fehlen hier nähere Angaben über die Art und Weise der angeblichen Intervention Calmeyers zugunsten von Henny und über die Gründe des Scheiterns.[112]

---

109 Die sprachlich wie inhaltlich problematische Bezeichnung wurde von Dr. Joachim Castan im Titel der Ausstellung: »*Ein Rechtsanwalt im Unrechtsstaat. Calmeyers verwaltungsrechtlicher Rettungswiderstand, 1941–1945*« verwendet, die anlässlich des Kölner Anwaltstages am 9. 6. 2006 eröffnet wurde. Sie soll verdeutlichen, dass Calmeyer während seiner Tätigkeit als Leiter der »Entscheidungsstelle« absichtlich und widerständig verwaltungsrechtliche Mittel und Spielräume zu Gunsten von jüdischen Antragstellern nutzte, mit dem Ziel, diese zu retten.
110 Yad Vashem File Nr. M.31.2/4997, www.yadvashem.org/yv/pdf-drupal/germany.pdf.
111 www.yadvashem.org/righteous/stories/calmeyer.html.
112 Eine mögliche Informationsquelle für Yad Vashem könnte Jozeph Melkman (später Jo Michman) gewesen sein, der wie Heinz Koppel Mitarbeiter des Amsterdamer Judenrats war. Da sich die beiden 1944 aber im Lager Bergen-Belsen wiedertreffen (Hinweis von Usi Ron, E-Mail vom 6. 9. 2023), musste Melkman die Intervention Calmeyers als Leiter der Entscheidungsstelle in diesem Fall als gescheitert betrachten. Als Mitglied der Yad Vashem – Kommission war Michman/Melkman 1992 maßgeblich an der Anerkennung Hans Calmeyers als »Gerechter unter den Völkern« beteiligt. VAN DEN BOOMGAARD, S. 55.

Abb. 7: Henriette Koppel-Hirsch um 1940

Auf der Suche nach Auswegen

Eine Möglichkeit, ihre Deportation zumindest hinauszuschieben, bietet Henny und Heinz Koppel die Aufnahme in eine Rückstellungsgruppe, die vom Judenrat zusammengestellt wird. Jede Rückstellung muss zusätzlich vom »Befehlshaber der Sicherheitspolizei und des SD« (BdS), Hans Harster, genehmigt werden[113]. Bei den Rückgestellten handelt es sich um die Mitarbeiter des Judenrates.[114] Wenn sich Calmeyer und das Ehepaar Koppel bereits im Sommer 1942 wiederbegegnet sind, wäre es denkbar, dass Calmeyer hier seine Beziehungen als Abteilungsleiter im Bereich »Innere Verwaltung« im Reichskommissariat spielen lässt. Nachgewiesen ist eine solche Hilfe bisher nicht. Sicher ist hingegen, dass Heinz Koppel am 4.7.1942 eine Anstellung beim Judenrat erhält. Es ist wohl nicht zufällig exakt der Tag, an dem der Judenrat von der SS zum ersten Mal beauftragt wird, eine vorgegebene Anzahl jüdischer Männer und Frauen im Alter von 16 bis 40 Jahren aus der Stadt Amsterdam zum, wie es euphemistisch heißt, »*Arbeitseinsatz in Deutschland*« bereitzustellen.[115] Koppel wird offiziell »Chef-Assistent« in der Abteilung »*Hilfe bei der Abreise*«[116], die für den Transport von Gepäck und anderen Waren in das Sammellager Westerbork zuständig ist. Für ihn und seine Frau werden Karteikarten für die »Kartothek des Judenrats« angelegt, die zahlreiche personenbezogene Daten enthalten und in den folgenden Jahren durch

---

113 Der BdS ist eine Außenstelle des von SS-Reichsführer Heinrich Himmler gegründeten SS-Reichssicherheitshauptamtes (RSHA) in Berlin. Er operiert parallel zu den Behörden des Reichskommissariats und teilweise in Konkurrenz zu ihnen.
114 Die Zahl der freigestellten »Joodsche Raad-gesperden« wird am 27.9.1942 von SS-Hauptsturmführer aus der Fünten von der »Zentralstelle für jüdische Auswanderung« auf maximal 17.500 Personen begrenzt. Gemeldet hatten sich 35.000 Personen. Die Auswahl hat wiederum der Judenrat zu treffen.
115 Die außerhalb Amsterdams in anderen Städten oder auf dem Land lebenden Juden waren bereits in den Wochen zuvor in das Lager Westerbork eingewiesen worden. Siehe Jacob Harari (zuvor: Fritz Pick): Die Ausrottung der Juden im besetzten Holland. Ein Tatsachenbericht, Tel Aviv 1944, S. 45.
116 Niederländisch: »Hulp aan Vertrekkenden«. Die Abteilung befindet sich in Amsterdam, Lijnbaansgracht 366. Ob Heinz Koppel dort tatsächlich aktiv als »*Chef-Assistent*« tätig ist, kann bisher nicht nachgewiesen werden.

zusätzliche Einträge und Vermerke aktualisiert werden[117]. Die Personenkarteikarte (JR-Karteikarte) von Heinz Koppel in der Kartothek des Judenrates erhält zusätzlich den Vermerk: »*Gesperrt wegen: Funktion*«. Auf Hennys JR-Karteikarte erfolgen die Einträge: »*Gesperrt wegen Ehemann*« und »*Siehe vor allem auch Ehemann !!!!!*«[118] Auf diese Weise sind beide vom »Arbeitseinsatz«, also der Deportation, vorläufig zurückgestellt.

Die Personalausweise des neuen »JR-Mitarbeiters«[119] Heinz Koppel und seiner Frau Henny als Familienangehörige erhalten zusätzlich gestempelte Sperrvermerke. Sie sind datiert und nummeriert und haben den Wortlaut: »*Inhaber dieses Ausweises ist bis auf Weiteres vom Arbeitseinsatz freigestellt*«.[120] Als Nachweis für die Genehmigung durch die SS ist ergänzend zum Sperrstempel das Dienstsiegel des »Befehlshabers der Sicherheitspolizei und des SD« (BdS) angebracht. Die Sperrvermerke, in den Niederlanden nur »*Sperr*« genannt, bewahren Heinz Koppel und seine Frau für ein weiteres Jahr vor der Deportation. Seine Judenrats-Abteilung »Hilfe bei der Abreise« wird für ihn und Hunderte anderer zu einer Abteilung zur »Vermeidung der Abreise«[121]. Der Schutz ist aber weder sicher noch von Dauer[122]. Immer wieder werden Personen trotz Sperrvermerk in das zentrale Sammellager Westerbork gebracht und von dort aus in den Osten deportiert.

---

117 Die von der SS geleitete »Zentralstelle für jüdische Auswanderung«, die die Deportationen organisiert, hatte den Judenrat (JR) bereits am 30.10.1941 beauftragt, eine Kartothek einzurichten. Die »Joodsche Raadcartotheek« wird nach Kriegsende von verschiedenen Suchdiensten fortgeführt, um das Schicksal von vermissten Personen zu klären. Zum Aufbau und Inhalt der Kartothek bzw. der JR-Karteikarten siehe Raymund Schütz (Hg.): Syllabus Workshop Joodse Raadcartotheek. Over kleur, diepte, samenhang en betekenis, Versie 2, 4.9.2019, pdf, www.academia.edu/42656283/Joodse_Raad_Cartotheek_en_Arolsen_Archives_03_V.

118 Siehe die weiter unten abgedruckten und vom Autor durch Randbemerkungen erläuterten JR-Karteikarten. Arolsen Archiv, Henriette Koppel-Hirsch, DocID: 130323371 und Heinz Koppel, DocID: 130323368.

119 Heinz Koppel erhält die Mitarbeiternummer »JR 1763«. In dem noch unvollständigen Verzeichnis der »Funktionäre des Judenrates in Amsterdam und Westerbork« ist er nicht aufgeführt. Raymund Schütz: Vermoedelijk op transport. De Joodsche Raadcartotheek als informatiesysteem binnen sterk veranderende kaders: repressie, opsporing en herinnering. Anlage 2, Joodsche Raadfunctionarissen in Amsterdam en Westerbork, Leiden 2010.

120 Da die Sperren des Judenrats erst mit Nr. 80.000 beginnen, sind die Sperrvermerke von Henny und Heinz Koppel mit den Nummern 80120 (Henny Koppel-Hirsch) und 80119 (Heinz Koppel) relativ früh vergeben worden.

121 Der vorübergehende Schutz vor der Deportation führt dazu, dass Sperrvermerke in großer Zahl ausgegeben werden. Im November 1942 haben allein in Heinz Koppels Abteilung in der Lijnbaansgracht insgesamt 416 Mitarbeiter einen solchen Vermerk, darunter 396 unbezahlte Mitarbeiter. Willy Lindwer, in Zusammenarbeit mit Johannes Houwink ten Cate: Het fatale dilemma. De Joodsche Raad voor Amsterdam 1941–1943, 's-Gravenhage, 1995, S. 24.

122 Der Sperrvermerk bedeutet keine »Freistellung«, sondern lediglich eine zeitlich begrenzte Rückstellung von der Deportation.

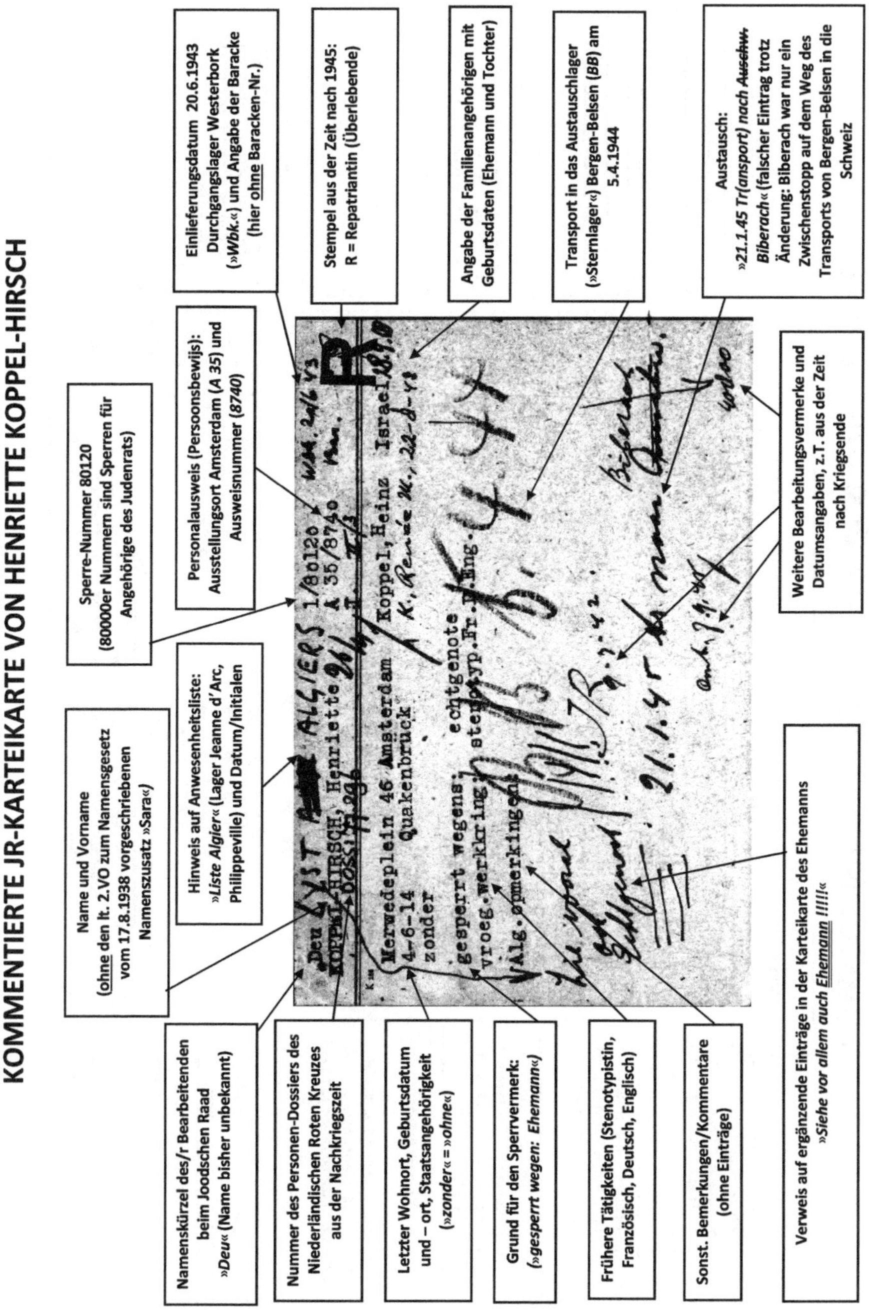

KOMMENTIERTE JR-KARTEIKARTE VON HENRIETTE KOPPEL-HIRSCH

Name und Vorname
(ohne den lt. 2.VO zum Namensgesetz vom 17.8.1938 vorgeschriebenen Namenszusatz »Sara«)

Sperre-Nummer 80120
(80000er Nummern sind Sperren für Angehörige des Judenrats)

Einlieferungsdatum 20.6.1943 Durchgangslager Westerbork (»Wbk.«) und Angabe der Baracke (hier ohne Baracken-Nr.)

Stempel aus der Zeit nach 1945: R = Repatriantin (Überlebende)

Angabe der Familienangehörigen mit Geburtsdaten (Ehemann und Tochter)

Transport in das Austauschlager (»Sternlager«) Bergen-Belsen (BB) am 5.4.1944

Austausch:
»21.1.45 Tr(ansport) nach Ausshw. Biberach« (falscher Eintrag trotz Änderung: Biberach war nur ein Zwischenstopp auf dem Weg des Transports von Bergen-Belsen in die Schweiz

Hinweis auf Anwesenheitsliste:
»Liste Algier« (Lager Jeanne d'Arc, Philippeville) und Datum/Initialen

Personalausweis (Persoonsbewijs): Ausstellungsort Amsterdam (A 35) und Ausweisnummer (8740)

Namenskürzel des/r Bearbeitenden beim Joodschen Raad »Deu« (Name bisher unbekannt)

Nummer des Personen-Dossiers des Niederländischen Roten Kreuzes aus der Nachkriegszeit

Letzter Wohnort, Geburtsdatum und -ort, Staatsangehörigkeit (»zonder« = »ohne«)

Grund für den Sperrvermerk: (»gesperrt wegen: Ehemann«)

Frühere Tätigkeiten (Stenotypistin, Französisch, Deutsch, Englisch)

Sonst. Bemerkungen/Kommentare (ohne Einträge)

Weitere Bearbeitungsvermerke und Datumsangaben, z.T. aus der Zeit nach Kriegsende

Verweis auf ergänzende Einträge in der Karteikarte des Ehemanns »Siehe vor allem auch Ehemann !!!!«

Abb. 8: Judenrats-Karteikarte für Henriette Koppel-Hirsch mit Erläuterungen des Autors, Arolsen Archiv, DocID: 130323371

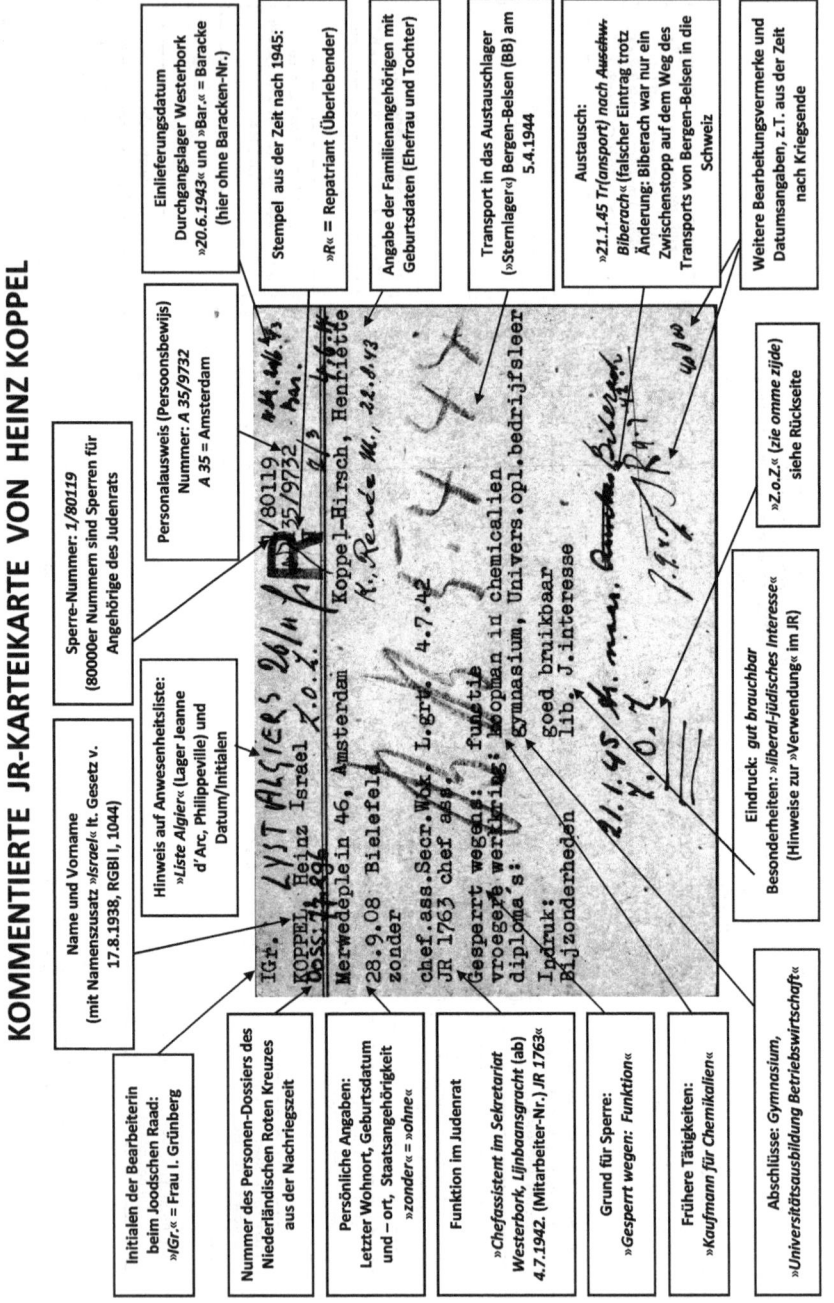

Abb. 9: Judenrats-Karteikarte für Heinz Koppel mit Erläuterungen des Autors, Arolsen Archiv, DocID: 130323368

Möglicherweise erwägen Henny und Heinz auch den Ausweg, in einem Versteck unterzutauchen und dort das Ende der deutschen Besetzung abzuwarten. Aber das Überleben als sogenannte »*Onderduikers*«[123] ist von zahlreichen Faktoren abhängig. Unter anderem muss in den dicht besiedelten Niederlanden ein sicherer Ort gefunden werden, der für unbestimmte Zeit Zuflucht bietet. Eine regelmäßige, verlässliche und ausreichende Versorgung mit allem Lebensnotwendigen ist erforderlich. Das Leben in der Beengtheit eines Verstecks erfordert zudem psychische und soziale Stärke die dauerhaft erhalten bleiben muss. Die Mitwisserschaft und Beteiligung Dritter an einem solchen Vorhaben wäre trotz der damit verbundenen weiteren Gefahren unvermeidlich. Das Ehepaar kommt daher wohl zu dem Ergebnis, die relative Sicherheit durch den Sperrvermerk dieser riskanten Alternative vorzuziehen, zumal Henny im Herbst 1942 schwanger geworden ist.

---

123 Von Niederländisch »onderduiken« (untertauchen, sich vor seinen Verfolgern verstecken). Zeitweise verstecken sich bis zu 350.000 Menschen in den dicht besiedelten Niederlanden vor der deutschen Besatzung. Es sind Juden, zur Zwangsarbeit rekrutierte Niederländer, politisch Verfolgte, Widerstandskämpfer und zahlreiche andere. Das Nationaal Onderduikmuseum im niederländischen Aalten, Markt 12–16, erinnert an sie. www.nationaalonderduikmuseum.nl.

Judenreferat IV B 4

Eine weitere Chance, der Deportation in ein Vernichtungslager zu entgehen, bietet die Zuordnung zu einer anderen von der SS vorgesehenen »Rückstellungsgruppe«. Es handelt sich dabei um Angehörige neutraler oder mit den Deutschen verbündeter Staaten[124]. Der Pass eines solchen Staates kann ihre Inhaber zu »Austauschjuden« machen, die im Wechsel gegen »Auslandsdeutsche« freikommen können. Möglicherweise bemüht sich Heinz Koppels 1939 nach Schweden emigrierter Onkel und ehemaliger Arbeitgeber, John Benzian, schon jetzt darum, ecuadorianische Ausweispapiere für Henny und Heinz Koppel zu besorgen.[125] Aber noch können sie sich mit dem Sperrvermerk für die Mitarbeiter des Judenrates in Amsterdam relativ sicher fühlen. Das ändert sich Anfang Mai 1943. Unter der Betreffzeile »*Endlösung der Judenfrage in den Niederlanden*«[126] erläutert das »Rassereferat« IV B 4 des BdS in Den Haag Ergebnisse einer Besprechung mit Vertretern des Reichsführers SS (RFSS), Heinrich Himmler:

> »Der RFSS wünscht, dass in diesem Jahre an Juden nach dem Osten abtransportiert wird, was menschenmöglich ist.« Es sei »eine Judenräumungsanordnung für die Stadt Amsterdam zu erlassen. Bei der Räumung hätte vor allem der überwiegende Teil des Judenrates mit umzuziehen.«[127]

Nachdem am 20.5.1943 die letzten »ungesperrten« Juden zum Deportationstransport aufgerufen wurden, beginnt am frühen Morgen des 26.5.1943 eine

---

124 Die Rückstellung dieser und weiterer Gruppen wird jedoch am 25.2.1944 beendet. Die SS deportiert die Mehrzahl der noch in Westerbork internierten Betroffenen über Theresienstadt nach Auschwitz.
125 Über den Rabbiner seiner Synagogengemeinde hat John Benzian Kontakt zum ecuadorianischen Honorarkonsul in Schweden, der aus humanitären Gründen bereit ist, Ausweise bzw. Ersatzdokumente für verfolgte Juden auszustellen.
126 Schreiben des Befehlshabers der Sicherheitspolizei und des SD für die besetzten niederländischen Gebiete, Abt. IV B 4, vom 5.5.1943, S. 1, Yad Vashem Doc 3731749.
127 A.a.O., S. 1f. Das Schreiben enthält unter Punkt 8 einen Hinweis auf die geplante Errichtung eines Austauschlagers in Deutschland, in das Juden eingewiesen werden sollen.

erste Großrazzia gegen »Gesperrte«.[128] Eine weitere Razzia folgt am 20.6.1943, einem Sonntag.[129] Diesmal trifft es auch die inzwischen hochschwangere Henny Koppel-Hirsch und ihren Mann Heinz. Dem bereits erwähnten Anwalt Jaap van Proosdij, einem ehemaligen niederländischen Zuarbeiter für die Entscheidungsstelle, verdanken wir einen Hinweis auf Calmeyers Reaktion, als er von der Festnahme Hennys erfährt:

> »Mehr oder weniger jede Nacht gab es eine Razzia in Amsterdam. Sie haben ein paar Blocks abgesperrt, drei Blocks, und sind im jüdischen Viertel von Haus zu Haus gegangen und haben die Leute dort abgeholt. Und eines Nachts bekam Calmeyer eine Nachricht, dass seine Sekretärin darin verwickelt war oder so ähnlich. Und er fuhr nach Amsterdam. Er konnte sie nicht finden. Er war sehr aufgewühlt.«[130]

Calmeyer sei nach seiner erfolglosen Suche zufällig auf den in der Nähe des Bahnhofs umherirrenden »äußerlich nicht-jüdischen« Tschechen Herbert Sinek gestoßen. Wohl unter dem Eindruck der unmittelbar vorangegangenen Ereignisse beschließt er, ihm zu helfen. Tatsächlich kommen auf seine Initiative hin sowohl Sinek als später auch dessen Frau und Sohn frei.[131]

Trotz der Ungenauigkeiten in van Proosdijs Bericht scheint sicher zu sein, dass Calmeyer sehr zeitnah von der Verhaftung Hennys und ihres Mannes erfahren hat. Seine Rettungsversuche sind jedoch erfolglos. Henny und ihr Ehemann werden umgehend in das Sammellager Westerbork gebracht, der letzten Station vor dem Transport in die Vernichtungslager.[132] Um ihnen dort noch helfen zu können, muss Calmeyer ein hohes Risiko eingehen.

Er setzt sich in der Angelegenheit Koppel-Hirsch direkt mit dem »Judenreferat« beim Befehlshaber der Sicherheitspolizei und des SD (BdS) in Verbindung[133]. Das Amt trägt die Bezeichnung IV B 4 und organisiert die Erfassung und

---

128 Am 28.5.1943 wird den noch nicht verhafteten Judenrats-Gesperrten beruhigend mitgeteilt, dass »*die Aktion dieser Woche beendet* (sei). *Es besteht augenblicklich nicht die Absicht zu einer neuen großen Aktion.*« Schreiben des Jüdischen Rats für Amsterdam vom 28.5.1943. Yad Vashem Doc. 3731749.
129 Bei einer letzten Razzia am 29.9.1943 wird auch der Vorstand des Judenrates verhaftet und deportiert.
130 INTERVIEW VAN PROOSDIJ, 1.17.10–1.39.00.
131 Calmeyer verweist Sinek gezielt an die Kanzlei Kotting, in der van Proosdij arbeitet und von der er weiß, dass sie für ihre Klienten gefälschte Unterlagen herstellt bzw. organisiert. Obwohl der Lagerleiter in Westerbork, SS-Obersturmführer Albert Konrad Gemmeker, den Fall Sinek anders beurteilt als er, entscheidet sich Calmeyer abschließend zu Gunsten Sineks: »*And so Calmeyer decided he was not a jew and he got free.*« INTERVIEW VAN PROOSDIJ, 1.17.10 bis 1.38.40. Siehe auch VAN DEN BOOMGAARD, S. 452.
132 Von den mehr als 100.000 in die Vernichtungslager Deportierten überleben nur etwa 5.000 Personen.
133 Niebaum behauptet, Calmeyer habe sich zuvor der Rückendeckung durch Reichskommissar Seyß-Inquart versichert. NIEBAUM, S. 219f.

Deportation der Juden in den Niederlanden[134]. Das »Judenreferat« beobachtet Calmeyers Entscheidungsstelle seit langem misstrauisch. Man ist über die hohe Zahl der Bescheide verwundert, die den Antragstellern attestieren, keine »Volljuden« zu sein. Es besteht der Verdacht auf »Abstammungsschwindel«, an dem Mitarbeiter der Entscheidungsstelle, womöglich sogar ihr Chef, Calmeyer, selbst, beteiligt sein könnten.[135] Ohnehin möchte man die Aufgaben der Stelle schon seit langem in die eigene Zuständigkeit übernehmen[136]. Vonseiten Calmeyers ist also höchste Vorsicht im Umgang mit dem »Judenreferat« geboten, vor allem mit dessen Chef, SS-Sturmbannführer Wilhelm Zoepf[137] und mit der SS-Sachbearbeiterin Gertrud Slottke. Slottke leitet die Unterabteilung IV B 4e »Rückstellungsfragen und Austausch«.[138] Sie und Zoepf sind es, die darüber entscheiden können, wohin die Verhafteten vom Sammellager in Westerbork aus transportiert werden: in eines der Vernichtungslager Auschwitz oder Sobibor, in das sogenannte »Vorzugslager für privilegierte Juden« in Theresienstadt[139] oder in das neu eingerichtete »Austauschlager« in Bergen-Belsen bei Celle. In einem Brief aus der Nachkriegszeit gibt Calmeyer an, von Zoepf und Slottke die Zusage erhalten zu haben, dass das Ehepaar Koppel in das Lager Bergen-Belsen deportiert und dann ausgetauscht werden solle.[140] Über die Beweggründe seiner

---

134 Mit der Bezeichnung IV B 4 und ihren Aufgaben ist es der gleichnamigen zentralen Dienststelle IV B 4 in Berlin unter SS-Obersturmbannführer Adolf Eichmann unterstellt, wird aber dem BdS in Den Haag zugeordnet. Die ebenfalls von der SS eingerichtete »Zentralstelle für jüdische Auswanderung« unterstützt das »Judenreferat« mit Razzien und Verhaftungen.
135 Das »Judenreferat« beteiligt sich mit Unterstützung des SS-Rasse- und Sippenamtes noch im Spätsommer 1944 an Versuchen, den vermuteten »Abstammungsschwindel« in Calmeyers Entscheidungsstelle aufzudecken. Siehe MIDDELBERG, S. 159–175.
136 Calmeyers »Entscheidungsstelle nach VO 6/41« untersteht der Hauptabteilung »Inneres« beim »zivilen« Generalkommissar für Verwaltung und Justiz. Das »Judenreferat« IV B 4 ist über den BdS Harster dem Generalkommissar für das Sicherheitswesen, Hanns Albin Rauter, unterstellt, der gleichzeitig als Höherer SS- und Polizeiführer (HSSPf) der höchste SS-Führer in den Niederlanden ist.
137 Der Jurist Wilhelm Zoepf, geboren am 11.3.1908 in München, kam über seinen Jugendfreund, den BdS Harster, zum »Judenreferat« IV B 4 in die Niederlande. Calmeyer spricht im Zusammenhang mit Zoepf von der »Schizophrenie der Mörder« und erklärt: »Die eine Seite des Schizophrenen war der überaus musische Wilhelm Zoepf; die andere Seite war derselbe Zoepf in Uniform: Ein kaltblütiger Mörder.« Brief an Dr. Prey, CA B 3, 1966.29.03, S. 11–13.
138 Getrud Slottke, geboren am 6.10.1902 in Ostpreußen, war zum 1.4.1941 als »Polizeiangestellte« zum BdS nach Den Haag gekommen. Anfang 1942 wechselt sie als Sachbearbeiterin ins »Judenreferat« IV B 4. Sie ist die einzige Frau, die hier eine Leitungs- und Entscheidungsfunktion innehat. Das Verhältnis zwischen ihr und Hans Calmeyer ist von Beginn an beiderseits von tiefem Misstrauen geprägt.
139 Das Konzentrationslager in Theresienstadt (heute Terezin/Tschechien) ist nur in der Propaganda der Nationalsozialisten ein »Vorzugslager« oder »Altersghetto«. Für viele Tausende bleibt es eine Zwischenstation auf dem Weg in ein Vernichtungslager.
140 Brief an Dr. Prey, CA B 3, 1966.29.03, S. 15.

ärgsten Widersacher für diese Entscheidung schreibt er lediglich: »*Sie* (gemeint ist Frau Slottke, d. Verf.) *erlag wie ihr Vorgesetzter Zoepf der psychologischen Bestechung im Falle Koppel.*«[141] Unklar bleibt allerdings, was darunter konkret zu verstehen ist und von wem welche Gegenleistung erbracht werden muss[142]. Wenn Calmeyer ausdrücklich von »*psychologischer*« Bestechung spricht, deutet das jedoch darauf hin, dass sie zumindest nicht wesentlich in Form von Geld oder Sachwerten erfolgt. Calmeyer wird den für Henny und ihre Familie unternommenen »*Gang zu Zoepf u. Slottke*« später als »*äußerste Dummheit*« bezeichnen. Ihm sei »*im Widerstand völlig klar gewesen*«, dass er damit, »*die Schützlinge (das Boot der Rettung) gefährden konnte*«.[143] Mit den gefährdeten Schützlingen meint er die Personen, die von ihm im Rahmen seiner Tätigkeit als Leiter der Entscheidungsstelle durch »*Gesetzessabotage*« und »*die albernen Fälschungen*«[144] für »nicht-jüdisch« erklärt wurden. Von diesen Fällen einer eher reagierenden Rettungshilfe unterscheidet sich seine Hilfe für Henny in zwei wesentlichen Punkten: Er handelt nicht als Amtsträger, sondern als Privatmensch, und er handelt proaktiv. Das bestätigt auch Calmeyers zeitweiliger Mitarbeiter Jaap van Proosdij. Er erklärt Jahrzehnte später, es habe überhaupt nur zwei Fälle gegeben, in denen dieser »*proaktiv Juden geholfen hat: der eine war seine Sekretärin, der andere war Sinek.*«[145] Anders als im Fall Koppel erfolgt die Hilfe im Fall Sinek aber unter dem Dach der »Entscheidungsstelle«.

Zwanzig Jahre nach Ende des Krieges wird Calmeyer die für die Familie Koppel erhaltene Zusage von Seiten des »Judenreferats« noch einmal zur Sprache bringen. Dann wird es ihm darum gehen, Zoepf und Slottke zehntausendfachen Mord nachzuweisen.

---

141 A.a.O., S. 14. Die Unterstreichung findet sich im Brieftext.
142 In dem aktuellen Bestand des Calmeyer Archivs gibt es keine weiterführenden Informationen zu diesen Fragen.
143 Brief an Dr. Prey, CA B 3, 1966.29.03, Handschriftlicher Zusatz am Ende des Briefs an G. Prey. Ein Teil des handschriftlichen Zusatzes ist im Calmeyer Archiv nur als später entstandene typografische Abschrift (S. 16) hinterlegt.
144 Ebd.
145 INTERVIEW VAN PROOSDIJ, 1.17.10 bis 1.38.40 und VAN DEN BOOMGAARD, S. 452f.

Sammel- und Durchgangslager Westerbork

Henny und Heinz Koppel und Tausende weitere Menschen, die der großen Razzia am 20.6.1943 zum Opfer fallen, werden zunächst mit Lastwagen zum Regionalbahnhof Muiderpoort gefahren und dort in Waggons verladen. Deren Ziel ist das unter deutscher Verwaltung stehende »*Polizeiliche Judendurchgangslager Westerbork*« in der Provinz Drenthe[146]. Es dient als zentraler Sammelplatz für Juden aus den Niederlanden vor der Deportation in die Vernichtungslager im Osten, Auschwitz und Sobibór. Zwischen 1942 und 1944 werden von hier aus mehr als 107.000 Juden deportiert[147]. Nur ca. 5.000 von ihnen überleben. Im Verlauf der Nacht erreicht der völlig überfüllte Zug aus Amsterdam das Lager Westerbork. Philip Mechanicus, selbst Lagerinsasse[148], schildert die Ankunft in seinem heimlich geführten Tagebuch:

Montag, 21. Juni 43

»Gestern ein heller Tag mit mildem Sonnenschein. Heute ein schmutziger, nieselnder Regen. Letzte Nacht kamen wieder zwei Züge mit je etwa zweitausend Juden an, ebenfalls in Viehwaggons, als alles schlief. Sie, die früher wichtige Posten beim Judenrat innehatten und als solche freigestempelt waren, laufen hier mit verzweifelten Gesichtern herum und wenden sich nun an diejenigen um Hilfe und Unterstützung, denen sie früher geholfen haben. Sie sind bestürzt über die plötzliche Veränderung ihres Schicksals; die Letzten sind hier nicht die Ersten, jetzt gehören sie wieder zu dem großen, grauen Haufen, zu dem sie auch früher gehört hatten.«[149]

---

146 Mit den Deportierten gelangen ihre JR-Karteikarten nach Westerbork und werden dort fortgeführt.
147 Einige wenige Transporte gehen aus dem kleineren Durchgangslager im KZ Herzogenbusch (Kamp Vught) bei 's-Hertogenbosch und von anderen niederländischen Orten, z. B. aus der jüdischen psychiatrischen Klinik »Het Apeldoornsche Bosch« am 22.1.1943, direkt nach Sobibor oder Auschwitz.
148 Der Journalist Philip Mechanicus, geboren am 17.4.1889 in Amsterdam, verbringt etwa eineinhalb Jahre im Lager Westerbork. Siehe JR-Karteikarte Philip Mechanicus, Arolsen Archiv, DocID: 130339114.
149 Tagebucheintrag für Montag, 21.6.1943. Philip Mechanicus: In dépot. Amsterdam 1989 (4. Druck), S. 52f (MECHANICUS). Niemand hat so eindrücklich wie Mechanicus aus

Es ist eine Erfahrung, die nun auch Henny und Heinz machen müssen. Seine vormalige Position in der Amsterdamer Transportabteilung für Westerbork gibt ihm im Bemühen um das möglichst lange Verbleiben im Sammellager dennoch relativ gute Chancen. Es ist anzunehmen, dass er als bisheriger Mitarbeiter im Judenrat nun im Lager eine Nachfolgefunktion erhält. Dafür spricht, dass das Ehepaar in Baracke 36, im besser ausgestatteten älteren Teil des Lagers, untergebracht ist.[150] Hier gibt es befestigte Wege und individuelle Wohnräume. Die Koppels besitzen damit vielleicht »*das Köstlichste, das ein Lagerbewohner in Kriegszeiten meistens entbehrte, ein wenig, ein klein wenig Privatsphäre.*[151]«

Hennys Schwangerschaft und die bevorstehende Geburt müssen im Sammellager Westerbork kein Anlass zu zusätzlicher Sorge sein. Es gibt ein relativ gut ausgestattetes Krankenhaus mit Entbindungsstation.[152] Zwei Monate nach der Ankunft von Henny und Heinz in Westerbork wird hier am 22.8.1943 ihre Tochter Renée Madeleine geboren.[153] Auch für sie wird im Lager umgehend eine JR-Karteikarte angelegt[154].

Das Leben im Lager Westerbork erscheint zunächst erträglich. Die Tagesabläufe sind geregelt, Ernährung ist hinreichend vorhanden, die medizinische Versorgung ist gewährleistet. Einige Lagerinsassen haben ein Kulturprogramm aus Musikveranstaltungen und Varieté-Vorstellungen organisiert, das nicht selten auch Mitglieder der deutschen Wachmannschaft besuchen. Die Internierten haben sogar die Möglichkeit, Briefe zu schreiben und zu empfangen. Noch immer wissen sie nicht genau, was sie nach einer Deportation in den Osten erwartet. Es kursieren zahlreiche Gerüchte über das Schicksal der bereits Abgereisten. Man befürchtet Schlimmes, aber die Verhältnisse im Lager Westerbork lassen keine sicheren Rückschlüsse auf das dort Kommende zu. Alle hoffen dennoch darauf, wenn schon nicht freigelassen zu werden, so doch wenigstens weiter im Lager bleiben zu können. Die Transportliste mit den Namen der zur Deportation Ausgewählten wird jeweils am Montag bekanntgegeben. Jeden Dienstag verlässt dann ein Zugverband mit oft mehr als tausend Personen,

---

eigenem Erleben die Gedanken und Gefühle der Gefangenen im Lager Westerbork beschrieben. Das Tagebuch ist im Original auf Niederländisch geschrieben.
150 Diese Vermutung äußern Vertreter des Erinnerungszentrums Kamp Westerbork. Der Hinweis auf die Baracke 36 findet sich allerdings erst in einem Schreiben der Lagerverwaltung Westerborks vom 1.4.1944.
151 J. Presser, Vorwort zu »In dépot«, MECHANICUS, S. 9.
152 Im Lagerkrankenhaus in Westerbork arbeiten zeitweise über 120 Ärzte, Spezialisten aller Fachgebiete.
153 Meldekarte der Gemeinde Westerbork für Familie Koppel. Archiv der Gemeinde Midden-Drenthe. Der ursprünglich französische Mädchenname Renée ist aus dem lateinischen Renata abgeleitet und bedeutet »die Wiedergeborene«.
154 Im Gegensatz zu den JR-Karteikarten der Eltern enthält Renées Karte, die erst im Lager Westerbork angelegt wurde, keine maschinenschriftlichen Einträge.

Sammel- und Durchgangslager Westerbork 59

KOMMENTIERTE JR-KARTEIKARTE VON RENÉE MADELEINE KOPPEL

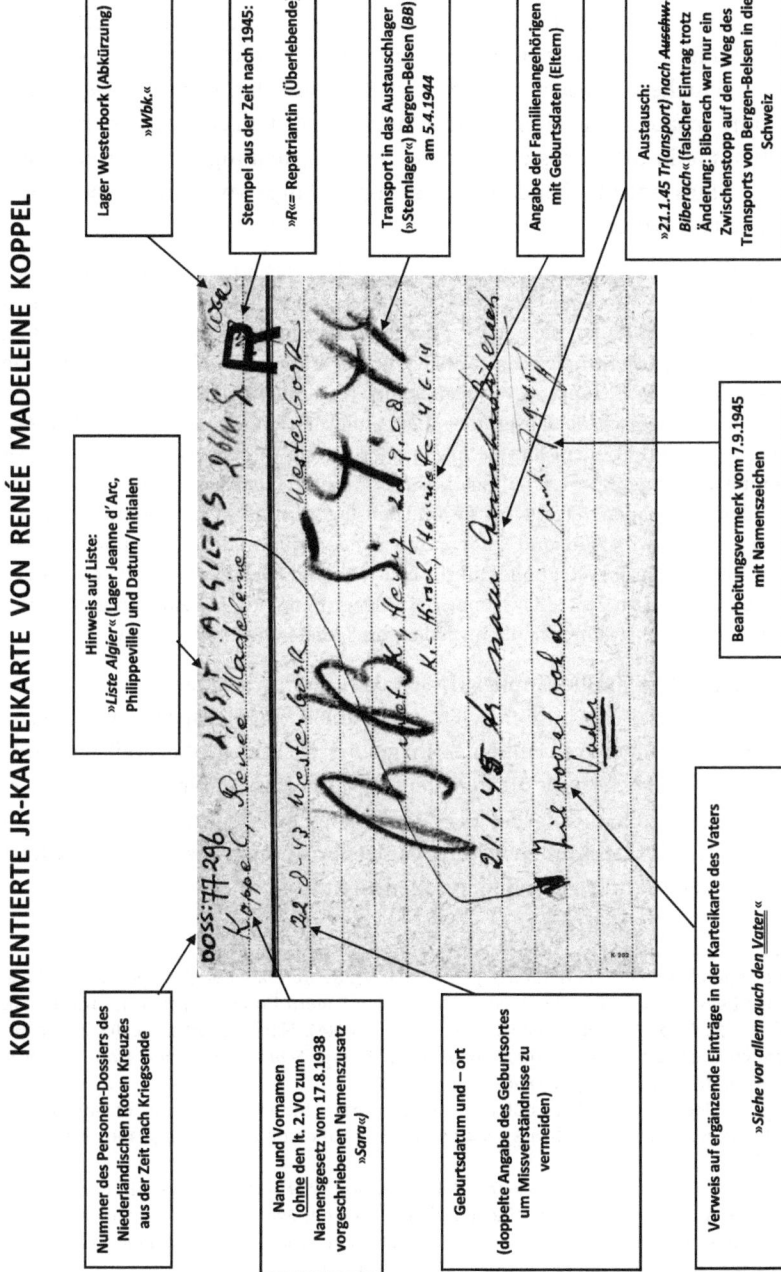

Abb. 10: Judenrats-Karteikarte für Renée Koppel mit Erläuterungen des Autors, Arolsen Archiv, DocID: 130323408

eingesperrt in Güterwaggons, das Lager in Richtung Osten. Die leeren Waggons kehren am folgenden Montag aus Auschwitz oder Sobibor nach Westerbork zurück[155]. Philip Mechanicus beschreibt aus eigener Erfahrung, wie die Internierten von Woche zu Woche mit bangem Blick auf den nächsten Deportationstransport schauen. Dabei erwähnt er auch die Gefangenen, die sich wegen ihrer Aufnahme in die Rückstellungsliste der Entscheidungsstelle (»Calmeyerliste«) und eines entsprechenden Sperrstempels lange vor einer Deportation geschützt gefühlt hatten:

> »Die Schläge treffen nicht immer dieselbe Ecke, und die Sicherheit ist auch nicht immer in derselben Ecke zu finden. Man muss hier Glück haben – natürlich so lange, wie es dauert. Die Mausefalle hat viele Türen, die nach Belieben geschlossen oder geöffnet werden. Die hohen Herren der Zentralstelle und des Büros des Sicherheitsdienstes, die die Macht haben, ihre Gunst zu verteilen, haben auch die Macht, diese Gunst zu entziehen. Einen schweren Schlag erlitten die Calmeyers, die behaupten, arischer Abstammung zu sein. Fräulein Slottke hat hundertvierzig Calmeyers entsperrt, die bei Mohammeds Bart geschworen hätten, dass sie mit ihrem 10.000er Stempel eine unantastbare Sperre besäßen. Jetzt gehen sie am Dienstag, zumindest zum größten Teil, wie Vieh nach Auschwitz. Sie und andere mit ihnen spüren den Transport wie ein schmutziges, monströses Reptil herankriechen. Wir sind alle nichts anderes als Mäuse, von denen von Zeit zu Zeit eine Gruppe herausgegriffen wird, für eine andere Mausefalle, in der sie höchstwahrscheinlich wieder von Sadisten gepackt werden.«[156]

Dass die junge Kleinfamilie Koppel-Hirsch der Deportation lange Zeit entgeht, könnte sie dem Chef des jüdischen Ordnungsdienstes im Lager, »Oberdienstleiter« Kurt Schlesinger, verdanken[157]. Er gehört wie ein großer Teil des Ordnungsdienstes in Westerbork zu den deutsch-jüdischen Internierten des vormaligen »Zentralen Flüchtlingslagers«[158]. Schlesinger obliegt in der Scheinautonomie des Lagers die Zusammenstellung der Deportationstransporte. Dabei setzt er vorrangig niederländische Juden auf die Listen[159].

---

155 Eine entsprechende »Leer-Meldung« geht an das »Judenreferat« der Gestapo in Den Haag, das also über die Ankunft der Deportierten in den Lagern im Osten genau informiert ist.
156 MECHANICUS, S. 271 (Tagebucheintrag vom 6.2.1944). Nach der Abfahrt des Zuges am folgenden Dienstag vermerkt Mechanicus: »*Die räudige Schlange ist heute Morgen wieder mit vollem Bauch davongeglitten.*« A. a. O., S. 273.
157 Einziger Beleg für die Unterstützung durch Kurt Schlesinger ist eine entsprechende mündliche Auskunft des Schwiegersohns des Ehepaars Koppel. Telefongespräch mit Usi Ron, Haifa, am 6.6.2023.
158 Das Zentrale Flüchtlingslager Westerbork bestand von 1939 bis zur Umwandlung in das von den Deutschen verwaltete »Polizeiliche Judendurchgangslager Kamp Westerbork« am 1.7.1942. Schlesinger, der nach den Novemberpogromen 1938 als illegaler Flüchtling in die Niederlande kam, war hier seit Oktober 1940 interniert.
159 Das Verhältnis der niederländischen Lagerinsassen zu ihren aus Deutschland stammenden Leidensgenossen ist vor allem wegen dieser Vorgehensweise und wegen des korrupten und mit der SS kollaborierenden Ordnungsdienstes sehr angespannt. Auch sonst herrscht eine

Aber die wöchentlichen Rückstellungen vom Transport sind für alle Lagerinsassen lediglich ein vorübergehender Zeitgewinn. Eine echte Chance zu überleben haben jetzt nur noch diejenigen, die Kontakte nach außen haben, zu Menschen, die über ihr Schicksal Bescheid wissen und stellvertretend für sie handeln können. In einem kurz nach Kriegsende erschienenen Beitrag für eine jüdische Emigrantenzeitschrift in Südafrika heißt es über die Familie Koppel:

> »In all ihrem Unglück hatten die Koppels durch eine Protektion Glück. Während der ganzen Zeit ihres Aufenthaltes in Holland wurden sie heimlich von einem Deutschen beschützt, der (als Beamter der Besatzungsbehörde!) verfolgten Juden, insbesondere aber der Familie Koppel, half, wo es immer möglich war und keinen Verdacht erregte. Dieser Deutsche war der frühere Anwalt der Firma Koppels, – ein überzeugter Kommunist. Er hatte sich zur Ausübung seiner humanen Tätigkeit auf eigenen Wunsch nach Holland versetzen lassen.«[160]

Leider enthält der Zeitschriftenartikel weder Hinweise auf den Autor und die Informationsquellen[161] noch eine Namensangabe für den deutschen Helfer. Es ist aber offensichtlich, dass mit dem »*Beamten der Besatzungsbehörde*« Hans Calmeyer gemeint ist. Seine konkrete Aufgabe als Letzt-Entscheider über Leben und Tod in »rassischen Zweifelsfällen« bleibt allerdings hinter dieser allgemeinen Bezeichnung verborgen. Wenn in dem Artikel angegeben wird, er sei »*ein überzeugter Kommunist*« gewesen, war das zwar unzutreffend[162], aber aus der Sicht der Autorin bzw. des Autors erklärend gemeint.[163] Ähnliches gilt für den Hinweis, »*dieser Deutsche*« sei zuvor Anwalt der Firma Koppels gewesen, und für die ebenfalls falsche Behauptung, er habe sich freiwillig in die Niederlande

---

verbreitete Abneigung gegen sie. Gemeinsam hassen sie zwar ihre Bewacher »*mit einem Hass, der so brennt, dass nichts ihn zu löschen vermag. Aber die Niederländer hassen gleichzeitig die deutschen Juden mit einem fast ebenso glühenden Hass, denn die deutschen Juden sind von der gleichen Sorte wie die nichtjüdischen Deutschen. ›Dreckspack‹ sagt man hier und meint damit sowohl den einen als auch den anderen Teil dieses Volks. Entweder säuseln sie so süß, dass die Falschheit an allen Ecken und Kanten heraustropft, oder sie sind so grob, dass man sie am liebsten in den Boden stampfen möchte. So lautet die allgemeine Klage.*« MECHANICUS, S. 265.

160 Artikel »*Renée Koppel. Geboren in Westerbrook (!)-15 Monate in Bergen Belsen – Jetzt glücklich in Eretz*«, Jewish Family Magazine, Südafrika, Juli 1946, S. 8. (JEWISH FAMILY MAGAZINE). Der Zeitungsausschnitt befindet sich im Besitz der Familie Ron-Koppel.
161 Es ist anzunehmen, dass die Informationen zu dem Artikel von der 1936 nach Südafrika emigrierten und im Text namentlich genannten Schwester Hennys, Olga Friedlein-Hirsch, stammen.
162 Ironischerweise wurde diese falsche Behauptung von den Nationalsozialisten bereits 1933 im Zusammenhang mit dem Entzug der Anwaltserlaubnis, damals allerdings als Vorwurf, erhoben. NLA OS Rep 940 Akz 2001/015 Nr. 1–4.
163 Da vor allem deutsche Kommunisten und linke Parteien, Gruppierungen und Einzelpersonen von Beginn an ideologisch begründeten Widerstand gegen die Nationalsozialisten leisten, scheint es naheliegend, dass auch in diesem Fall ein »*überzeugter Kommunist*« aktiv ist.

»*versetzen lassen*«, um dort humanitär wirken zu können.[164] Man ist bestrebt, den deutschen Besatzungsbeamten und Beschützer in einem möglichst günstigen Licht erscheinen zu lassen. Konkrete Angaben zur Dauer oder zur Art des Schutzes bzw. der Protektion in den Niederlanden fehlen aber. Es gibt also keinen Beleg dafür, dass Hans Calmeyer die Familie Koppel noch nach deren Einweisung in das Durchgangslager Westerbork unterstützt oder dort in direkter Verbindung mit ihr steht.

Ein wichtiger Helfer bei der Suche nach einem Ausweg aus dem Lager Westerbork ist für Henny und ihre Familie der nach Schweden emigrierte Onkel John Benzian. Benzian ist einer der Gründer der neuen Adat Jeschurun Synagoge in Stockholm, die 1939 von aus ihrer Heimat vertriebenen deutschen Juden errichtet wurde[165]. Über deren Rabbiner, Avraham (Ab) Jacobson, hat er Kontakt zu dem ecuadorianischen Honorarkonsul Manuel Antonio Muñoz Borrero. Auf die Bitte Jacobsons und weiterer Gemeindemitglieder, darunter John Benzian, stellt Muñoz Borrero ohne Erlaubnis seiner Regierung Hunderte von Pässen für verfolgte Juden aus[166]. Nach einer Denunziation im Januar 1942 wird er deshalb von der ecuadorianischen Regierung entlassen. Da die schwedischen Behörden die Konsulatsunterlagen nicht beschlagnahmen, bleiben Blanco-Pässe und Passersatzpapiere, sogenannte »Promesas«[167] bei Muñoz Borrero, und er benutzt sie weiterhin für sein Rettungswerk.[168] Es ist sehr wahrscheinlich, dass sich Onkel John Benzian bei ihm auch um ecuadorianische Pässe für Henny, Heinz und die kleine Renée bemüht.[169]

Der Zeitraum bis zum Eintreffen der Papiere im Lager Westerbork birgt allerdings ein erhöhtes Risiko, vorher deportiert zu werden. Ein Befehl des SS-

---

164 JEWISH FAMILY MAGAZINE, S. 8.
165 Die Einrichtung der Adat Jeschurun Synagoge stammt aus der Synagoge in der Hamburger Heinrich-Barth-Straße und wurde nach den Pogromen im November 1938 auf abenteuerliche Weise als »Holztransport« nach Stockholm geschmuggelt. Siehe www.schluesseldokumente.net/beitrag/hultman-stockholm-hamburg#section-2. Letzter Aufruf: 13.3.2024.
166 Internetausgabe der Zeitung »El Telegrafo« vom 11.10.2015, Artikel Muñoz Borrero el cónsul cuencano nombrado ›Justo en las Naciones‹ (II), www.eltelegrafo.com.ec.(ARTIKEL EL TELEGRAFO).
167 »Promesas« (wörtlich: Versprechen) sind vorläufige Papiere, die dem Inhaber zusagen, zu einem späteren Zeitpunkt eine Staatsbürgerschaft zu erhalten. Ihre internationale Anerkennung ist nicht gesichert.
168 Manuel Antonio Muñoz Borrero wird 2011 für seine Verdienste um die Rettung zahlreicher Juden von Yad Vashem als »Gerechter unter den Völkern« geehrt.
169 Möglich wäre auch, dass die Papiere mit Hilfe der jüdischen Hilfsorganisation RELICO, mit der John Benzian ebenfalls zusammenarbeitet, in der Schweiz beschafft werden. Ein Vermerk des »Rassereferats« IV B 4 in Den Haag weist auf die Ausstellung solcher »*Gefälligkeitspässe*« hin, die »*in großer Menge mit Einschreibbriefen von der Schweiz an Juden im Lager Westerbork bzw. an ihre Privatanschrift im Lande adressiert*« worden seien. Vermerk vom 31.7.1944, Yad Vashem Doc. 3656720, RecGroup TR.3 File 613.

Abb. 11: Titelseite Jewish Family Magazine, Johannesburg/Südafrika, Juli 1946

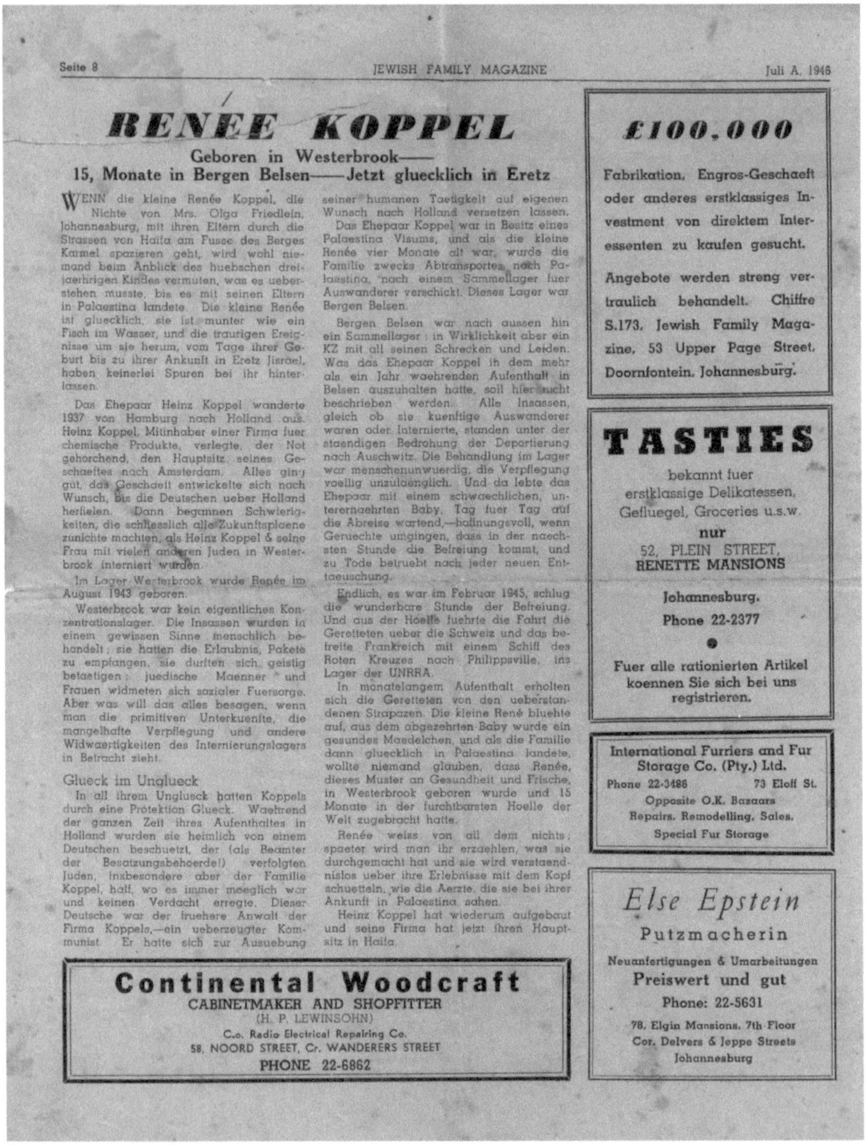

Seite 8 JEWISH FAMILY MAGAZINE Juli A. 1946

RENÉE KOPPEL

Geboren in Westerbrook—— 15, Monate in Bergen Belsen——Jetzt gluecklich in Eretz

WENN die kleine Renée Koppel, die Nichte von Mrs. Olga Friedlein, Johannesburg, mit ihren Eltern durch die Strassen von Haifa am Fusse des Berges Karmel spazieren geht, wird wohl niemand beim Anblick des huebschen dreijaehrigen Kindes vermuten, was es ueberstehen musste, bis es mit seinen Eltern in Palaestina landete. Die kleine Renée ist gluecklich, sie ist munter wie ein Fisch im Wasser, und die traurigen Ereignisse um sie herum, vom Tage ihrer Geburt bis zu ihrer Ankunft in Eretz Jisrael, haben keinerlei Spuren bei ihr hinterlassen.

Das Ehepaar Heinz Koppel wanderte 1937 von Hamburg nach Holland aus. Heinz Koppel, Mitinhaber einer Firma fuer chemische Produkte, verlegte, der Not gehorchend, den Hauptsitz seines Geschaeftes nach Amsterdam. Alles ging gut, das Geschaeft entwickelte sich nach Wunsch, bis die Deutschen ueber Holland herfielen. Dann begannen Schwierigkeiten, die schliesslich alle Zukunftsplaene zunichte machten, als Heinz Koppel & seine Frau mit vielen anderen Juden in Westerbrook interniert wurden.

Im Lager Westerbrook wurde Renée im August 1943 geboren.

Westerbrook war kein eigentliches Konzentrationslager. Die Insassen wurden in einem gewissen Sinne menschlich behandelt; sie hatten die Erlaubnis, Pakete zu empfangen, sie durften sich geistig betaetigen; juedische Maenner und Frauen widmeten sich sozialer Fuersorge. Aber was will das alles besagen, wenn man die primitiven Unterkuenfte, die mangelhafte Verpflegung und andere Widwaertigkeiten des Internierungslagers in Betracht zieht.

Glueck im Unglueck

In all ihrem Unglueck hatten Koppels durch eine Protektion Glueck. Waehrend der ganzen Zeit ihres Aufenthaltes in Holland wurden sie heimlich von einem Deutschen beschuetzt, der (als Beamter der Besatzungsbehoerde!) verfolgten Juden, insbesondere aber der Familie Koppel, half, wo es immer moeglich war und keinen Verdacht erregte. Dieser Deutsche war der fruehere Anwalt der Firma Koppels,—ein ueberzeugter Kommunist. Er hatte sich zur Ausuebung seiner humanen Taetigkeit auf eigenen Wunsch nach Holland versetzen lassen.

Das Ehepaar Koppel war in Besitz eines Palaestina Visums, und als die kleine Renée vier Monate alt war, wurde die Familie zwecks Abtransportes nach Palaestina, nach einem Sammellager fuer Auswanderer verschickt. Dieses Lager war Bergen Belsen.

Bergen Belsen war nach aussen hin ein Sammellager; in Wirklichkeit aber ein KZ mit all seinen Schrecken und Leiden. Was das Ehepaar Koppel in dem mehr als ein Jahr waehrenden Aufenthalt in Belsen auszuhalten hatte, soll hier nicht beschrieben werden. Alle Insassen, gleich ob sie kuenftige Auswanderer waren oder Internierte, standen unter der staendigen Bedrohung der Deportierung nach Auschwitz. Die Behandlung im Lager war menschenunwuerdig, die Verpflegung voellig unzulaenglich. Und da lebte das Ehepaar mit einem schwaechlichen, unterernaehrten Baby, Tag fuer Tag auf die Abreise wartend,—hoffnungsvoll, wenn Geruechte umgingen, dass in der naechsten Stunde die Befreiung kommt, und zu Tode betruebt nach jeder neuen Enttaeuschung.

Endlich, es war im Februar 1945, schlug die wunderbare Stunde der Befreiung. Und aus der Hoelle fuehrte die Fahrt die Geretteten ueber die Schweiz und das befreite Frankreich mit einem Schiff des Roten Kreuzes nach Philippsville, ins Lager der UNRRA.

In monatelangem Aufenthalt erholten sich die Geretteten von den ueberstandenen Strapazen. Die kleine René bluehte auf, aus dem abgezehrten Baby wurde ein gesundes Maedelchen, und als die Familie dann gluecklich in Palaestina landete, wollte niemand glauben, dass Renée, dieses Muster an Gesundheit und Frische, in Westerbrook geboren wurde und 15 Monate in der furchtbarsten Hoelle der Welt zugebracht hatte.

Renée weiss von all dem nichts; spaeter wird man ihr erzaehlen, was sie durchgemacht hat und sie wird verstaendnislos ueber ihre Erlebnisse mit dem Kopf schuetteln, wie die Aerzte, die sie bei ihrer Ankunft in Palaestina sahen.

Heinz Koppel hat wiederum aufgebaut und seine Firma hat jetzt ihren Hauptsitz in Haifa.

Abb. 12: Beitrag über Renée Koppel im Jewish Family Magazine, Johannesburg/Südafrika, Juli 1946

Reichssicherheitshauptamtes an den SS-Sturmbannführer Zoepf vom Judenreferat in Den Haag legt ausdrücklich fest:

> »Sofern bekannt wird, dass sich Juden darum bemühen, eine neue Staatsangehörigkeit zu erwerben, braucht hierauf keine Rücksicht genommen zu werden, die betreffenden Personen sind vielmehr bevorzugt nach dem Osten zu transportieren.«[170]

Im Verlauf des Jahres 1943, spätestens aber Anfang 1944, treffen die ecuadorianischen Ausweispapiere für die Familie Koppel-Hirsch in den Niederlanden ein. Am 2.3.1944 bescheinigt die Gemeinde Westerbork, dass Heinz, Henny und Renée laut dem örtlichen Bevölkerungsregister die »Nationalität des Staates Ecuador« besitzen.[171] Damit haben sie die Chance auf einen Weg in die Freiheit. Das SS-Reichssicherheitshauptamt in Berlin hatte in Abänderung früherer Pläne kurz zuvor festgelegt, dass »*Juden mit gekauften Pässen der südamerikanischen Staaten*« dem Austauschlager Bergen-Belsen zugewiesen werden sollen.[172] Das angestrebte Ziel der Familie ist aber nicht Ecuador, sondern das britische Mandatsgebiet Palästina, die »*nationale Heimstätte*« für das jüdische Volk.[173] Am 27.10.1943 hatte Heinz Koppel über das Internationale Rote Kreuz in Genf bereits die Nachricht von einer Einreisegenehmigung nach Palästina erhalten.[174] Damit erhöht sich für die SS der »Wert« der Familie als »Austauschjuden«[175].

---

170 Schreiben des Reichssicherheitshauptamtes Abt. IV B 4 an SS-Sturmbannführer Zoepf vom 26.6.1943. Yad Vashem Doc. 3731749.
171 Bescheinigung der Gemeinde Westerbork, Nachlass Koppel-Hirsch.
172 Vermerk des BdS, Abt. IV B 4 (L), vom 21.9.1943 über den »Abtransport jüdischer Rückstellungsgruppen nach dem Aufenthaltslager Bergen-Belsen«, CA A8 1943.21.09. Der unverhohlene Hinweis auf »*gekaufte*« Pässe macht deutlich, dass es dem RSHA bei der Zuweisung zum Austauschlager lediglich um »Verhandlungsmasse« für Tauschgeschäfte geht.
173 Großbritannien hatte sich in der »Balfour-Deklaration« vom 2.11.1917 einverstanden erklärt, in Palästina eine »nationale Heimstätte« des »jüdischen Volkes« zu errichten. Mit der Deklaration sollten auch die Rechte bestehender nicht-jüdischer Gemeinschaften gewahrt bleiben.
174 Nach Angaben der Hitachadut Olej Germania, einer Organisation, die Emigranten bei der Einreise nach Palästina unterstützt, liegt der Genehmigung die Aufnahme in die »*Vierte zionistische Veteranenliste*« unter der Nummer m/438/43/d/228 zugrunde (Schreiben der Olej Germania Jerusalem an Heinz Koppel und Ehefrau, vermittelt über das Komitee des Internationalen Roten Kreuzes in Genf vom 27.10.1943. Nachlass Koppel-Hirsch). Es zirkulieren zahlreiche solcher sogenannter Veteranenlisten, in die, wie im Fall Koppel, Menschen aufgenommen werden, die keine »zionistischen Veteranen« sind. Es ist daher nicht sicher, ob tatsächlich eine von den britischen Mandatsbehörden erteilte Einreiseerlaubnis vorliegt.
175 Die Familie könnte sowohl für einen Austausch mit den Briten (Palästina-Austausch) als auch für einen Austausch mit den US-Amerikanern (als Verhandlungspartner für Ecuador und andere südamerikanische Staaten) in Frage kommen.

Das Austauschlager in Bergen-Belsen befindet sich zu diesem Zeitpunkt im Aufbau und hat nur begrenzte Aufnahmekapazitäten.[176] Über den Weg dorthin und die Bedingungen vor Ort heißt es in einem Vermerk des BdS in Den Haag:

> »Die Abbeförderung soll in kleinen Gruppen mit fahrplanmäßigen Zügen unter Transportbegleitung durch die Sicherheitspolizei geschehen. Die Juden werden in Bergen-Belsen nicht als Häftlinge, sondern als Lagerinsassen bezeichnet, tragen Zivilkleidung, dürfen Briefe schreiben und unterstehen einem jüdischen Ältestenrat.«[177]

Ob diese Darstellung der Lebensverhältnisse in Bergen-Belsen zutrifft oder ein verfälschtes Bild der Realitäten vor Ort zeichnet, ist für die Häftlinge im Lager Westerbork nicht erkennbar. Aber auch hier verschlechtern sich in den folgenden Monaten die Lebensbedingungen. Die zu Beginn ausreichende Nahrung wird knapper. Unter den Gefangenen kommt es wegen der Mangellage zu Verteilungskämpfen. Für Henny und ihre kleine Familie rückt indessen die Verlegung in das Austauschlager Bergen-Belsen bei Celle näher. Es wächst die Ungewissheit über das, was sie dort erwartet. So schreibt etwa der ebenfalls zum Austausch nach Bergen-Belsen vorgesehene Philip Mechanicus Anfang Februar 1944 in sein Tagebuch:

> »Celle mag sein, was es will, aber man hat kein Vertrauen: Man weiß, dass die Deutschen die Juden nach Celle bringen für einen schmierigen Schacherhandel, und dass, falls er nicht gelingt, die Letztgenannten auf den Misthaufen geworfen werden wie die hunderttausend Juden, die zum größten Teil in Viehwaggons nach Polen verschleppt wurden.«[178]

Dennoch verbinden sich mit der Aussicht auf einen Wechsel in das Lager Bergen-Belsen auch Hoffnungen. Wenige Tage später gibt Mechanicus ein erlauschtes Gespräch unter Lagerinsassen wieder:

> »Wenn du mich fragst, würde ich lieber nach Celle gehen, als hier zu bleiben. Dort wird es sicher nicht schlechter sein als hier. Die Baracken dort sind bestimmt viel geräumiger und hygienischer«.

---

176 Dennoch findet am 14.9.1943 ein erster Transport von Westerbork nach Bergen-Belsen statt. Zu diesem Zweck werden 7 Waggons des wöchentlichen Auschwitztransports in Soltau abgehängt und nach Bergen weitergeleitet. Vermerk des BdS, Abt. IV B 5, vom 20.9.1943, CA A8 1943.20.09. Kurz nach dem Transport vom 14.9.1943 wird das Lager Westerbork unter Quarantäne gestellt. Der zweite Transport nach Bergen-Belsen erfolgt darum erst Mitte Januar 1944.
177 Vermerk des BdS, Abt. IV B 5, vom 20.9.1943, CA A8 1943.20.09.
178 MECHANICUS, S. 265. Mechanicus verwendet für das Austauschlager Bergen-Belsen den Namen der nächstgelegenen größeren Stadt, »Zelle« (Celle). Seine schlimmen Vermutungen erfüllen sich bei ihm selbst: Am 15.3.1944 deportiert ihn die SS nach Bergen-Belsen und von hier aus am 9.10.1944 nach Auschwitz, wo er drei Tage nach seiner Ankunft ermordet wird. JR-Karteikarte Philip Mechanicus. Arolsen Archiv, DocID: 130339114.

Er beendet seinen Tagebucheintrag mit den resignierenden Worten: *»Wer weiß eigentlich etwas über Celle? Niemand!«*[179]

Am 1.4.1944 wird die Familie Koppel-Hirsch von der Lagerkommandantur schriftlich darüber informiert, dass sie *»für den folgenden Transport nach Bergen-Belsen vorgesehen«* ist.[180] Vier Tage später beginnt für Henny, Heinz und die erst 7 Monate alte Renée Koppel schließlich die Fahrt mit dem Zug von Westerbork Richtung Osten. Der Transport besteht aus drei Abteilungen. 240 Menschen fahren in sechs Viehwaggons in das Vernichtungslager Auschwitz[181], 289 Menschen werden in das Lager Theresienstadt gebracht. Für 101 Personen lautet das Ziel Bergen-Belsen. Ihre Personenwaggons werden unterwegs in Celle abgekoppelt. Es scheint, als sei jetzt zumindest für sie als vorgesehene »Austauschhäftlinge« die schlimmste Zeit der Gefangenschaft bald vorbei und die Weiterfahrt in die Freiheit nur noch eine Frage von Tagen oder Wochen. Hans Calmeyer ist durch SS-Sturmbannführer Zoepf und Frau Slottke vom *»Judenreferat«* über den Weitertransport von Henny und ihrer Familie nach Bergen-Belsen unterrichtet. Jetzt muss er sich auf deren Zusage verlassen, dass dies nur eine Zwischenstation bleibt. Nach dem Umzug von Teilen des Reichskommissariats nach Apeldoorn im Spätsommer 1944[182] wird ihm dort nach eigener Aussage von der SS-Mitarbeiterin Slottke sogar ausdrücklich bestätigt, dass der Austausch bereits stattgefunden habe:

»Im September 1944 beteuerte die Slottke dem C., dass die Eheleute Koppel mit Kind in die Schweiz ausgetauscht seien.«[183]

Aber diese Auskunft ist, sofern sie tatsächlich bereits im September 1944 von Slottke gegeben wurde, falsch.

---

179 MECHANICUS, S. 283.
180 Informationsschreiben über die Entscheidung der Lagerkommandantur für den Transport nach Bergen-Belsen. Nachlass Koppel-Hirsch.
181 Unweit von Westerbork wird noch ein weiterer Zug mit 625 belgischen Juden aus Mechelen hinzugefügt, der ebenfalls nach Auschwitz geht. www.bundesarchiv.de/gedenkbuch/chronology/viewNetherlands.xhtml. Letzter Aufruf: 12.8.2023.
182 Die deutschen Besatzungsbehörden sind wegen der näher rückenden Front hierhin verlagert worden.
183 Brief an Dr. Prey, CA B 3, 1966.29.03, S. 15. Mit »C.« meint Calmeyer sich selbst.

Konzentrationslager Bergen-Belsen

Bergen-Belsen, zunächst ein Lager für sowjetische Kriegsgefangene (Stalag XI C), ist von Juli 1943 bis Dezember 1944 Sammellager für mindestens 14600 jüdische Geiseln, darunter 2750 Kinder und Jugendliche. Die hier internierten Juden sollen für einen Austausch gegen im Ausland internierte Reichsdeutsche oder als Druckmittel für die Beschaffung von Gütern und Devisen benutzt werden.[184] Für sie besteht permanent die Gefahr, dass das Austauschlager letztlich nur eine Zwischenstation auf dem Weg nach Auschwitz ist. Wenn sich ihre Staatsangehörigkeits-Nachweise oder Einreisezertifikate als ungültig oder für die Interessen der SS als unbrauchbar herausstellen, werden sie von hier aus in ein Vernichtungslager deportiert. Jüdische Häftlinge sind je nach ihrer Herkunft in verschiedenen Lagerbereichen untergebracht.[185] Das größte Teillager ist zu diesem Zeitpunkt das »Sternlager«. Es ist überwiegend mit Juden aus den Niederlanden und Frankreich belegt[186]. Mit ihnen steht aus der Sicht des deutschen Auswärtigen Amtes und des RSHA »ein ›besseres‹ Austauschpotential zur Verfügung« als mit den Juden aus Polen.[187] Anders als die Häftlinge in den bereits bestehenden Lagerteilen müssen die Häftlinge auf ihrer Zivilkleidung den »Juden-

---

184 In der Mehrzahl gelangen Austauschpersonen jedoch nicht direkt aus dem Lager Bergen-Belsen in die Freiheit, sondern über Internierungslager wie Vittel, Liebenau, Wurzach oder aus Kriegsgefangenenlagern. Siehe Alexandra Wenck: Zwischen Menschenhandel und ›Endlösung‹. Das Konzentrationslager Bergen-Belsen, überarbeitete Neuauflage, Münster 2020, S. 58 (WENCK).

185 Es gibt bereits das »Sonderlager« für Juden aus Polen und ein »Neutralenlager« mit Juden aus Griechenland und Italien. Ab September 1943 kommt das »Sternlager« für Juden aus westeuropäischen Staaten hinzu. Später folgt ein weiteres Lager, das »Ungarnlager«.

186 Von den zwischen Februar und August 1944 von Westerbork nach Bergen-Belsen geschickten Juden haben ca. 3670 Personen lateinamerikanische Pässe. Efraim Zadoff: Pasaportes de Ecuador para la proteccion de Judios en la Shoa auf www.amilat.online/wp-content/uploads/2020/01/Efraim-Zadoff-7-237.pdf.

187 WENCK, S. 210.

stern« tragen. Das ist der Grund, warum das neue Lager intern als »Sternlager« bezeichnet wird.[188]

In dieses Lager, in Baracke 13[189], kommen Henny, Heinz, die kleine Renée und die anderen Häftlinge des Transports am 6.4.1944. Ähnlich wie im Lager Westerbork stehen in der internen Häftlingshierarchie des »Sternlagers« in Bergen-Belsen die deutsch-jüdischen Gefangenen an der Spitze[190]. Sie beschaffen sich und ihren Günstlingen leichtere Tätigkeiten und bessere Ernährung und erhöhen damit die Überlebenschancen. Es ist denkbar, dass Heinz Koppel wie schon in Amsterdam und Westerbork auch hier in Bergen-Belsen eine Position in der »Selbstverwaltung« erhält[191]. Zudem gelingt es ihm, seinen Onkel John Benzian mit einer Postkarte vom 7.5.1944 über die Verlegung in das Sternlager zu informieren. Benzian antwortet einen Monat später ebenfalls mit einer Postkarte und verspricht Milchkonserven und Kindermehl zu schicken.[192]

Die Regeln im »Sternlager« scheinen für die Neuankömmlinge aus dem Lager Westerbork zunächst noch relativ erträglich zu sein[193]. Die Häftlinge behalten ihren Namen und werden nicht nach einer Nummer benannt. Offiziell gelten sie als »Lagerinsassen«. Männer und Frauen sind zwar getrennt untergebracht, aber die Mütter dürfen ihre kleinen Kinder bei sich behalten. Zu den Mahlzeiten und zeitweise an den Wochenenden können sich die Familien treffen und gemeinsam Zeit verbringen. Sie können, sofern sie wie Familie Koppel über Verbindungen nach außen verfügen, sogar Lebensmittelpakete empfangen. Aber schnell verliert das Austauschlager seinen anfänglichen Sonderstatus als »*Vorzugslager*«. Schon wenige Wochen nach der Ankunft der Familie Koppel in Bergen-Belsen übernimmt ein neuer Mann die Gesamtlagerleitung. Unter dem SS-Hauptsturmführer Josef Kramer werden die bestehenden Sonderbedingungen für die zum Austausch

---

188 Daneben werden gelegentlich die Bezeichnungen »Sternenlager« und »Holländerlager« benutzt.
189 Später ändert sich die Zählung der Baracken. Dann bilden die Baracken 19 bis 40 das Sternlager. WENCK, S. 227.
190 Der von der SS im Rahmen der sogenannten »Lagerselbstverwaltung« eingesetzte »Lagerälteste« ist Joseph Weiß, ein deutscher Jude, der nach Holland emigriert war und ebenfalls über Westerbork nach Bergen-Belsen kam. Er übernimmt diese Aufgabe bis zur Absetzung des Ältestenrates durch den neuen Kommandanten Kramer am 22.12.1944 sehr verantwortungsbewusst.
191 Für diese Vermutung spricht, dass sich Heinz in Bergen-Belsen zeitweise ein Bett mit Jozeph Melkman (Jo Michman) teilen muss, der dort eine Funktionsstelle in der schon im Lager Westerbork praktizierten Kinder- und Jugendbetreuung innehat. Melkman/Michman ist von 1957–1960 Leiter der Holocaust-Gedenkstätte Yad Vashem in Jerusalem und Zeuge im Prozess gegen Adolf Eichmann.
192 Postkarte von John Benzian an Heinz Koppel in das Aufenthaltslager Bergen-Belsen, Baracke 13, vom 15.6.1944. Nachlass Koppel-Hirsch.
193 WENCK, S. 259.

vorgesehenen Juden weitgehend abgeschafft.[194] Nun wird auch im Sternlager das in den »regulären« Konzentrationslagern übliche Kaposystem eingeführt. Das bedeutet, dass Funktionshäftlinge, sogenannte Kapos, im Auftrag der SS die Überwachung und Kontrolle ihrer Mitgefangenen übernehmen. Sie sind durch die relativen Privilegien, die ihnen die SS gewährt, korrumpiert und nicht selten zu besonderer Brutalität bereit. Durch die gleichzeitig eintreffenden »Evakuierungstransporte« mit Gefangenen aus den Konzentrationslagern im Osten werden die Wohnverhältnisse beengter. Die Belegung der einzelnen Wohnbaracken steigt nach dem Zugang im November 1944 auf 350 Personen. Einen Monat später müssen sich schon 500–600 Personen die mit nur einer Waschgelegenheit und 2 Doppellatrinen ausgestatteten Unterkünfte teilen. Auf einer Lagerfläche von 100 x 200 m leben jetzt 3000 Menschen. Die Hoffnung auf einen baldigen Austausch schwindet. Die Gefangenen im »Sternlager« sind jetzt wie ihre Mitgefangenen in den anderen Lagerteilen einem nur schwer beschreibbaren täglichen Horror ausgesetzt[195]. Jeder überstandene Tag ist ein stiller Sieg des Lebens, jeder neue Tag eine Herausforderung, ein ständiges, angstvolles Warten mit ungewissem Ausgang. Jedes Wahrgenommenwerden durch das Wachpersonal bringt die Gefahr von Strafe oder Tod mit sich. Es gilt, unauffällig, unsichtbar, zu sein. Männer und Frauen zwischen 15 und 65 Jahren werden nach dem Morgenappell einem der Arbeitskommandos zugeteilt, die überwiegend für den Lagerbetrieb eingesetzt werden. Aber nicht die Arbeit ist das zentrale Thema, um das sich nahezu alle Gedanken und Gespräche der Häftlinge drehen. Es ist das Essen, genauer, der Mangel an Essen. Dennoch nicht abstumpfen, sich nicht selbst aufgeben, trotz Enttäuschungen hoffnungsvoll bleiben: das ist die tägliche Aufgabe.

John Benzian ist inzwischen einer der Hauptverantwortlichen im »Arbeitsausschuss für Hilfeleistungen an Juden in Europa« in Stockholm. Der Ausschuss organisiert gemeinsam mit dem Jüdischen Weltkongress vom neutralen Schweden aus Lebensmittellieferungen in die deutschen Konzentrationslager. Benzian steht dazu in regelmäßigem Kontakt mit dem Hilfskommittee RELICO[196] im schweizerischen Genf, das ihn wiederholt auch über den Stand eines

---

194 Der »Ältestenrat« und weitere Institutionen werden abgeschafft, »Sternlager«-Häftlinge aus den für die Beschaffung zusätzlicher Nahrungsmittel wichtigen Küchenkommandos verdrängt.
195 Irene Hasenberg, die von 1943 bis Anfang 1945 Gefangene im Sternlager war und den gleichen Leidensweg wie die Familie Koppel gehen muss, schildert die sich stetig verschlechternden Lebensbedingungen aber auch den Zusammenhalt ihrer Familie aus der Sicht eines jungen Mädchens eindringlich und lebensnah. Irene Hasenberg-Butter: Wir hatten Glück, noch am Leben zu sein. Entkommen aus Bergen-Belsen, Frankfurt 2022.
196 Das *Relief Committee for Jewish War Victims« (RELICO) wurde 1939 von Dr. Abraham Silberschein gegründet und von zahlreichen Einzelpersonen und jüdischen Organisationen wie dem Jewish World Congress finanziert. Benzian und sein jüdisches Hilfskommittee in

geplanten Austausches für Häftlinge mit amerikanischen Pässen unterrichtet. Einen konkreten Termin dafür gibt es aber noch nicht. Als im Sommer 1944 in Bergen-Belsen tatsächlich Austauschtransporte zusammengestellt werden[197], keimt bei vielen Häftlingen die Hoffnung auf, dazuzugehören. Die Familie Koppel und die übrigen Bewohner der Baracke 13 bleiben jedoch unberücksichtigt. Wie Tausende andere müssen sie ausharren, während sich die desolate Ernährungs- und Gesundheitslage im Sternlager weiter zuspitzt. Ein Sonderappell für die Inhaber von US- und lateinamerikanischen Staatsbürgerschaften am 18. 8. 1944 lässt bald darauf auf einen weiteren Austausch hoffen[198]. Die Verhandlungen, von deren Verlauf die Betroffenen nichts erfahren, ziehen sich bis über die Jahreswende hin. Die Häftlinge aus Bergen-Belsen sind nur eine Teilgruppe des geplanten deutsch-amerikanischen Zivilinternierten-Austauschs, der insgesamt mehr als 800 Personen umfassen soll. Auf deutscher Seite verhandeln das Auswärtige Amt und das SS-Reichssicherheitshauptamt (RSHA), auf amerikanischer Seite Regierungsbehörden der USA und die US-Botschaft in Berlin.[199] Die Schweizerische Gesandtschaft tritt als Schutzmachtvertretung[200] auf.

Am 19. 1. 1945 kommt die SS-Sachbearbeiterin Gertrud Slottke vom Judenreferat IV B 4 in Den Haag aus den Niederlanden nach Bergen-Belsen und stellt gemeinsam mit Vertretern des »Judenreferats« im RSHA Berlin die Gruppe für den Austauschtransport zusammen.[201] Jeder Häftling erhält von der Schweize-

---

Schweden organisieren gemeinsam mit RELICO Lebensmittellieferungen an KZ-Gefangene in verschiedenen Konzentrationslagern. Zu den Empfängern gehört später auch Kurt Reilinger, der von Oktober 1944 bis Ostern 1945 KZ-Gefangener im Außenlager »5.SS-Eisenbahnbaubrigade« in Osnabrück ist. www.collections.yadvashem.org/en/documents/36869 18, (SILBERSCHEIN ARCHIVE), File 27, Nr. 16 und Karl Kassenbrock: Nanno. Onderduiker im Rettungswiderstand, Ubstadt-Weiher 2022.

197 Es handelt sich um den dritten Transport von Bergen-Belsen nach Palästina am 30. 6. 1944, der am 10. 7. 1944 in Haifa ankommt, und um einen Austausch in die Schweiz. An dem Austausch in die Schweiz, dem sogenannten »Kasztner-Transport«, nehmen »Ungarn-Juden« aus den Baracken 10 und 11 teil. Sie waren erst am 9. 7. 1944 aus Budapest in Bergen-Belsen angekommen. Dr. Rezsö (Rudolf) Kasztner, ein jüdisch-ungarischer Jurist und Journalist, hatte in direkten Verhandlungen mit Adolf Eichmann, dem Leiter der Dienststelle IV B 4 im Reichssicherheitshauptamt der SS, gegen eine hohe Lösegeldsumme ihre Freilassung erreicht. In zwei Zugtransporten am 19.8. und 4. 12. 1944 können 1670 »Ungarn-Juden« in die Schweiz ausreisen.

198 Aus dem KZ Bergen-Belsen betrifft es neben Personen mit US-Staatsbürgerschaft vor allem Bürger der Staaten Ecuador und Paraguay. Beide Staaten sind bis Februar 1945 noch nicht auf Seiten der Alliierten in den Krieg gegen Deutschland eingetreten.

199 Diana Gring/ Peter Müller: Licht am Ende der Nacht – Die Transporte aus dem KZ Bergen-Belsen nach St. Gallen, St. Gallen 2019, S. 28–35 (GRING/MÜLLER).

200 Nach der Kriegserklärung des Deutschen Reiches gegen die USA beauftragten diese die Schweiz als Schutzmachtvertretung mit der Wahrnehmung ihrer Interessen im Reich.

201 Beteiligt sind neben Gertrud Slottke SS-Hauptsturmführer Ernst Moes und Amtsrat Dr. Johannes Ladewig vom Referat IV B 4 b des RSHA Berlin. WENCK, S. 275 und S. 283 f. Slottke

rischen Gesandtschaft eine individuelle und mit dem Gesandtschaftswappen gestempelte Teilnahmeerklärung für den »*deutsch-amerikanischen Zivilpersonenaustausch*«.[202] Nach 293 Tagen im »Sternlager« und nur drei Monate vor der Befreiung von Bergen-Belsen durch britische Truppen kommen Henny, ihr Mann und ihre Tochter auf den letzten Austauschtransport. Die ecuadorianischen Passdokumente sind ihre Fahrkarten für die Reise.

Die Schweizerische Gesandtschaft, Abteilung Schutzmachtangelegenheiten, in Berlin, erklärt hiermit, dass

Henny K o p p e l , geb. Hirsch

geb. am: 4. Juni 1914

Staatsangehöriger von: Ecuador

am deutsch-amerikanischen Zivilpersonenaustausch vom 23. Januar 1945 teilnimmt.

Abb. 13: Erklärung der Schweizerischen Gesandtschaft in Berlin über die Teilnahme am Zivilpersonenaustausch

hielt sich zu Absprachen über den Austausch bereits zuvor häufiger im Durchgangslager Westerbork und im Sternlager in Bergen-Belsen auf.
202 Erklärung der Schweizerischen Gesandtschaft für Henny Koppel, geb. Hirsch, Heinz Koppel und Renée Koppel über die Teilnahme am deutsch-amerikanischen Zivilpersonenaustausch vom 23. Januar 1945. Nachlass Koppel-Hirsch.

Austausch

Die für den Transport vorgesehenen Gefangenen besitzen allesamt nord- oder südamerikanische Pässe oder Passersatzpapiere. Nachdem der Lagerarzt ihre »Austauschfähigkeit« bestätigt hat[203], werden 301 Häftlinge am 21.1.1945 mit Lastwagen zur 3 km entfernten Bahnrampe gebracht. Dort wartet ein Personenzug des Roten Kreuzes auf sie. Der Transport wird von SS-Sturmbannführer Dr. Rudolf Kröning und Polizeirat Merkel vom RSHA begleitet. Als jüdischer »Transportführer« bestimmt die SS Eli Dasberg, einen Rabbiner aus dem »Sternlager«. Viele Teilnehmer des Austauschs sind zunächst verunsichert, ob die Fahrt tatsächlich, wie behauptet, in die Schweiz führen wird. Verhaltene Freude kommt erst auf, nachdem sie kurz nach der Abfahrt des Zuges vom Begleitpersonal des Roten Kreuzes aufgefordert werden, die »Judensterne« abzutrennen. Auf dem Weg in die Freiheit hält der Zug oft stundenlang auf offener Strecke. Die Fahrt führt wegen der Bombenangriffe, zerstörter Bahngleise und des Frontverlaufs auf Umwegen über Berlin, wo Beamte der Schweizer Gesandtschaft zum Transport stoßen, Halle (Saale) und Nürnberg. Danach hält der Zug am 23.1.1945 noch zweimal in Oberschwaben: in Biberach, der Bahnstation für das Internierungslager Lindele und in Meckenbeuren bei Ravensburg, der Bahnstation für das Internierungslager Liebenau. Nicht mehr transportfähige und verstorbene Personen werden aus dem Zug geholt. Weitere Häftlinge tauscht die SS gegen Internierte aus den Lagern Lindele und Liebenau aus, die gültige Pässe für die USA besitzen. Die mitreisenden Schweizer Beamten prüfen in Liebenau ihrerseits die Austauschpersonen und unterziehen sie einer Kontrolle[204] Von den

---

203 Bei der Überprüfung von 450 Inhabern amerikanischer Passdokumente werden 149 als nicht-transportfähig aussortiert. Sie müssen in Bergen-Belsen bleiben. (GRING/MÜLLER), S. 29.
204 Auf Befehl von Polizeirat Merkel muss der jüdische »Transportführer« Dasberg die Personen auswählen, die noch kurz vor der rettenden Schweizer Grenze den Zug verlassen müssen. In Biberach bleiben 40 Personen zurück, in Ravensburg-Meckenbeuren 90 weitere. Sie werden in die Lager Lindele, Liebenau und Wurzach eingewiesen. Mindestens 7 Männer aus dieser Gruppe versterben dort. Nach Kriegsende werden sie auf den jüdischen Friedhof

zu Beginn 69 Häftlingen des Transports, die ecuadorianische Papiere besitzen, dürfen nur 38 die Fahrt fortsetzen[205]. Zu ihnen gehören Henny, ihr Mann und ihr Kind.

Am 24.1.1945 erreicht der Zug die Grenze. Unter den für den Austausch vorgesehenen Personen befinden sich jetzt nur noch 136 ehemalige Bergen-Belsen-Häftlinge. Erneut kontrolliert die Gestapo die Papiere und durchsucht das mitgeführte Gepäck. Danach sind zahlreiche Begleitpapiere und Erklärungen zu unterzeichnen. Unmittelbar hinter der deutschen Stadt Konstanz hält der Zug kurz nach Mitternacht am Schweizer Eisenbahnknotenpunkt Kreuzlingen. Weitere Schwerstkranke werden von dort in das Kantonsspital nach Münsterlingen gebracht.[206] Unter den Augen des Internationalen Roten Kreuzes und von deutschen und schweizerischen Armeeangehörigen findet schließlich der Austausch statt. Gleichzeitig mit den Häftlingen aus Bergen-Belsen werden mehrere Hundert weitere Austauschinternierte aus anderen Lagern, darunter Theresienstadt, über die Grenze gebracht. Laut der erhalten gebliebenen Gefangenenliste werden die Häftlinge aus dem KZ Bergen-Belsen gegen »*zivilinternierte Deutsche aus Süd-Afrika*« ausgetauscht.[207] Die 190 befreiten Häftlinge steigen in einen anderen Zug am Ende des Bahnsteigs um, der sie am 25.1.1945 nach Sankt Gallen bringt.[208] Sie sind die letzten Häftlinge, die über einen Austausch das Konzentrationslager Bergen-Belsen verlassen konnten. Im St. Galler Tagblatt wird der katastrophale physische und psychische Zustand der ausgetauschten Juden aus dem angeblichen »Vorzugslager« von einem Journalisten beschrieben:

Laupheim überführt. Zur Vorbereitung und zum Verlauf des deutsch-amerikanischen Austauschs siehe auch WENCK, S. 249–259.

205 Efraim Zadoff: Pasaportes de Ecuador para la proteccion de Judios en la Shoa. www.amilat.online/wp-content/uploads/2020/01/Efraim-Zadoff-7-237.pdf. Von den 31 zurückbleibenden Häftlingen mit ecuadorianischen Papieren kommen mindestens 11 am 1.2.1945 in das Lager Schloss Wurzach. Zu ihnen gehören mehrere Personen, die zunächst über die »Calmeyerliste« vor der Deportation geschützt waren, aber dann ebenfalls in das KZ Bergen-Belsen deportiert wurden.

206 Drei von ihnen sterben kurz nach der Ankunft in der Klinik. Sie werden auf dem jüdischen Friedhof in Kreuzlingen beerdigt. Ein Gedenkstein weist dort heute auf sie hin: »*Opfer des Lagers Bergen-Belsen / Ihre Kraft reichte bis zum Betreten freien Bodens / Sie zeugen vom vorzeitigen Ende von 6 Millionen Juden in den Jahren 1933–1945 / Im Januar 1945*«. Reinhold Adler: Das war nicht nur Karneval im August. Das Internierungslager Biberach an der Riß 1942–1945, Biberach/Riß 2002.

207 In Südafrika gibt es zu diesem Zeitpunkt deutsche Zivilinternierte in den Lagern Baviaanspoort bei Pretoria, Andalusia/Jan Kempdorp und Koffiefontein bei Bloemfontein. Sofern es sich bei den ausgetauschten Deutschen tatsächlich um Zivilinternierte aus Südafrika handelt, ist davon auszugehen, dass sie trotz der erkennbar bevorstehenden Kriegsniederlage Deutschlands freiwillig hierhin zurückkehren.

208 Liste der zivilinternierten Juden, die am 25. Januar von Bergen-Belsen kommend in der Schweiz ankamen, vorgesehen für den Austausch mit zivilinternierten Deutschen aus Südafrika. Arolsen Archiv, DocID:3393709ff.

»Ich habe schon viel Elend gesehen (...) doch noch nie sind mir solche schattenhaften, seelisch und körperlich gebrochene Gestalten begegnet, wie bei diesem Transport. Gespensterhaft zogen sie an mir vorüber.«[209]

Nach einer ärztlichen Untersuchung, die die Überprüfung auf ansteckende Krankheiten beinhaltet, werden die Befreiten in der 10 km entfernten Gemeinde Bühler in provisorischen Quartieren untergebracht. Der Aufenthalt in Bühler, im Kanton Appenzell-Ausserrhoden, wird eingelegt, weil die zwischen den Deutschen und Amerikanern vereinbarten Austauschzahlen noch nicht übereinstimmen. Es werden weitere Lagerhäftlinge erwartet. Die Schweizer geben sich nicht viel Mühe mit der Unterbringung der Austauschhäftlinge. Einer der befreiten Lagerhäftlinge, damals ein Jugendlicher, erinnert sich an den Schock bei der Ankunft:

»Als wir ankamen und hinein gingen, trauten wir unseren Augen nicht. Da waren zwei große Räume und an einer Wand waren zweigeschossige Pritschen mit Stroh. Das sah nicht wie ein Hotel aus, sondern eher wie die Baracken, die wir gerade verlassen hatten. Wir beschwerten uns nicht, aber wir waren enttäuscht.«[210]

Da sie formal als »Transithäftlinge« in die Schweiz gekommen sind, dürfen sich die Ausgetauschten nicht frei bewegen. Ein Verlassen des Geländes rund um die Unterkunft oder die Kontaktaufnahme zu Schweizer Bürgern ist ihnen verboten. Die Überwachung übernimmt Schweizer Militärpersonal. Trotz der Verbote ist der Stockholmer Onkel Benzian aber bereits einen Tag später durch das Hilfskommittee RELICO telefonisch über die Ankunft der ausgetauschten Häftlinge in der Schweiz informiert[211]. Vergeblich versucht er zu verhindern, dass Henny und ihre Familie weiterreisen müssen. In einem Telegramm argumentiert er, dass ein »*Weitertransport so geschwächter Menschen lebensgefährlich*« sei. Er wolle Heinz Koppel, den ehemaligen Leiter der Amsterdamer Filiale seiner Firma, »*sofort nach Waffenstillstand hierhernehmen um nach Beratungen meiner Londoner oder New Yorker Filiale als Mitleitung detachiert zu werden.*« Für den Lebensunterhalt in der Schweiz garantiere er bis zur Abreise.[212] Dennoch müssen Henny und ihre Familie ihre Fahrt am 30.1.1945 fortsetzen. Mit einem Zug gelangen sie ohne längere Aufenthalte weiter nach Genf und von dort aus nach einem erneuten Zugwechsel in das schon befreite Frankreich bis nach Marseille. Nach zwei Tagen auf einem Lazarettschiff trennen sich dort die Wege der Ge-

---

209 St. Galler Tagblatt, Morgenblatt, vom 31.1.1945, zitiert nach WENCK, S. 259.
210 Barry Spanjaard: Don't fence me in! An American Teenager in the Holocaust, Los Angeles 1981, S. 169.
211 Telegramm vom 26.1.1945 an RELICO, www.collections.yadvashem.org/en/documents/3686918, SILBERSCHEIN ARCHIVE. John Benzian sendet das Telegramm an Dr. Hans Klee, Silberscheins Stellvertreter bei RELICO.
212 Telegramm vom 28.1.1945 an RELICO, a.a.O., Nr. 142f.

retteten.²¹³ Henny und ihre Familie gehören zu der Gruppe von 90 aus Bergen-Belsen geretteten Personen, die mit dem italienischen Frachter »Cittá di Alessandria« nach Nordafrika gebracht werden.

---

213 Personen mit US-Papieren gehen auf das unter der Schirmherrschaft des Internationalen Roten Kreuzes fahrende Schiff »Gripsholm«.

Flüchtlingslager Jeanne d'Arc

Zwei Tage nach der Abfahrt von Marseille erreicht das Schiff den Hafen von Philippeville in Französisch-Nordafrika.[214] Von hier aus geht es mit Last- und Krankenwagen weiter in das 8 Kilometer entfernt liegende UNRRA-Flüchtlingslager »Jeanne d'Arc«.[215] Die Verwaltungsgebäude des Lagers befinden sich in einem Urlaubsresort unmittelbar am Strand des Mittelmeers. Hier werden die Flüchtlinge registriert. Oberhalb des Resorts, über einen steilen Aufgang zu erreichen, liegt der »Standort A«, der als Unterkunft für die ausgetauschten Häftlinge dient. Er besteht aus etwa 50 Nissenhütten, die in einfache Wohnräume aufgeteilt sind. Daneben gibt es einen Speisesaal, Lagerhäuser, Werkstätten, eine Arztpraxis und ein Schulgebäude. Die Anlage wird von jugoslawischen Wachleuten gesichert[216], aber es gibt weder Zäune noch Stacheldraht.

Renée ist, nachdem sie ihr gesamtes bisheriges Leben unter extrem schlechten Umständen in deutschen Lagern verbringen musste, bei der Ankunft im UNRAA-Lager »Jeanne d'Arc« noch geschwächt. Aber hier, bei guter Ernährung und an frischer Meeresluft, »*blühte* (sie) *auf, aus dem abgezehrten Baby wurde ein gesundes Mädelchen*«. Schon bald will niemand glauben, dass sie, »*dieses*

---

214 Philippeville gehört 1945 noch zum Französischen Département Constantine. Nach der Unabhängigkeit Algeriens von Frankreich erhält die Stadt 1962 ihren ursprünglichen Namen Skikda zurück.
215 Die Nothilfe- und Wiederaufbauverwaltung der Vereinten Nationen, U.N.R.R.A. (»*United Nations Relief and Rehabilitation Administration*«), war eine Hilfsorganisation, die 1943 von den Vereinten Nationen gegründet wurde. Im Mai 1944 übernahm die UNRRA das vormals britische Lager in Philippeville. Unter der Bezeichnung »Camp Jeanne d'Arc« bestand es bis zum Spätsommer 1945. Siehe https://search.archives.un.org/uploads/r/united-nations-archives/2/e/9/2e9de062271a715ef16797e38ac59af7b1d69e77ccd31eb5eb90f060a533fda8/S-1264-0000-0089-00001.PDF. Letzter Aufruf: 12.8.2024.
216 Das Lager war zuvor zur Aufnahme von Flüchtlingen aus Jugoslawien bestimmt gewesen. Henny erhält eine Ausweiskarte (»Stanovniska Izkaznicz«), die noch den Stempel »Yugo-Slav Refugee Camp« trägt. Da es in der Gegend um Philippeville bereits Mitte der 1930er Jahre zu Aufständen der einheimischen algerischen Bevölkerung gegen die Franzosen gekommen war, könnte der Einsatz jugoslawischer Wachleute ein Versuch der Vereinten Nationen gewesen sein, mögliche Störungen oder Angriffe von dieser Seite zu vermeiden.

Muster an Gesundheit und Frische, in Westerbork geboren wurde und 15 Monate in der furchtbarsten Hölle der Welt zugebracht hatte.«[217] Auch die Eltern erlangen ihre durch die vorherigen Lageraufenthalte angegriffene äußere Gesundheit wieder. Während sich Henny um die gemeinsame Tochter kümmert, übernimmt Heinz schon bald Aufgaben im Lager und betätigt sich in der »Abteilung für Instandhaltung und Dienstleistungen«.[218]

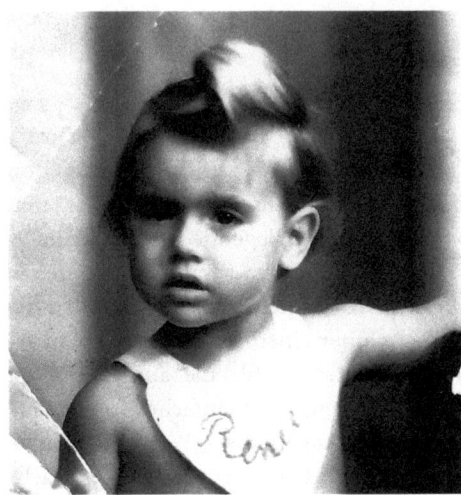

Abb. 14: Renée Koppel im Flüchtlingslager Jeanne d'Arc, Philippeville

Parallel dazu bereitet er für sich und etwa 30 weitere Personen die Fahrt nach Palästina vor. Bei diesen Bemühungen hilft von Stockholm aus erneut sein Onkel John Benzian durch Kontakte mit verschiedenen jüdischen Hilfsorganisationen[219]. Gleichzeitig ersucht Hennys Mutter, Recha Hirsch, die inzwischen offiziell bei ihrer Tochter Ruth in Haifa lebt, über die Jewish Agency in Jerusalem um Einreiseerlaubnisse[220]. Die schon 1943 über das Internationale Rote Kreuz im Lager Westerbork eingetroffene Nachricht der Oley Germania Jerusalem, die

---

217 JEWISH FAMILY MAGAZINE, S. 8. Tatsächlich lebte Renée seit ihrer Geburt in Westerbork am 22.8.1943 mehr als 17 Monate in deutschen Lagern.
218 Zeugnisschreiben der UNRRA vom 10.8.1945. Nachlass Koppel-Hirsch.
219 Siehe www.collections.yadvashem.org/en/documents/3686918, SILBERSCHEIN ARCHIVE, File 27, Nr. 40. John Benzian weist über die Genfer RELICO größere Geldbeträge für die Familie Koppel-Hirsch und weitere Personen nach Philippeville an, die die Empfänger aber nicht erreichen. A.a.O., Nr. 63 und 131f.
220 Da Recha Hirsch bei ihren Bemühungen um Einreiseerlaubnisse nach Palästina für die Familie Koppel zunächst nicht erfolgreich ist, versucht sie ersatzweise entsprechende Erlaubnisse für Schweden oder die USA zu beschaffen. Siehe www.collections.yadvashem.org/en/documents/3686918, SILBERSCHEIN ARCHIVE, File 27, Nr. 64.

Erlaubnis sei bereits erteilt[221], traf offensichtlich so nicht zu. Im Sommer 1945 liegen schließlich alle erforderlichen Dokumente vor. Die französischen Behörden genehmigen am 7.7.1945 die Ausreise aus Algerien. Das britische Generalkonsulat in Algier stellt am 31.8.1945 im Auftrag der britischen Zivilverwaltung in Palästina Einreisevisa aus. Sie werden in die von der französischen Unterpräfektur Philippeville ausgestellten vorläufigen Identitäts- und Reiseausweise der Familie eingetragen[222]. Dann beginnt die Reise nach Palästina.

---

221 Schreiben der Oley Germania Jerusalem an Heinz Koppel und Ehefrau, vermittelt über das Komitee des Internationalen Roten Kreuzes in Genf vom 27.10.1943. Nachlass Koppel-Hirsch.
222 Hennys Ausweis gilt gleichzeitig für ihre Tochter. Identitäts- und Reiseausweis für Henriette Koppel-Hirsch und ihre Tochter Renée, Nachlass Koppel-Hirsch.

Palästina

Am 10.9.1945 erreicht die Gruppe aus dem Flüchtlingslager Jeanne d'Arc an Bord des britischen Kriegsschiffs HMS Winchester Castle ihr Ziel, die Hafenstadt Haifa.[223] Die Migrationsbehörde erteilt den Ankömmlingen nach Durchsicht der Papiere die »*Erlaubnis zum dauerhaften Aufenthalt in Palästina als Einwanderer*«[224]. Damit ist der Weg in das »Land«, nach »Eretz Israel«[225], frei. Nach Angaben der Nachfahren wird die Familie zunächst in das etwa 20 km südlich von Haifa am Meer gelegene Internierungslager Atlit gebracht. Das Barackenlager erweckt böse Erinnerungen. Es ist von britischem Militärpersonal streng bewacht, von Stacheldrahtzäunen umgeben und mit Wachtürmen ausgestattet. Weil Henny und ihr Mann eine Wohnadresse in Haifa vorweisen können[226], erhalten sie aber schon bald die Erlaubnis, dorthin zu ziehen.[227] Hennys zweite Tochter, Irit, wird bereits in Freiheit geboren. Im Gegensatz zu vielen anderen Emigranten behalten sowohl Henny als auch Heinz ihre ursprünglichen Vornamen und den Familiennamen bei. Renée wird sich später Rina nennen.[228]

Am 14.5.1948 verlassen die letzten Truppen der britischen Mandatsmacht Palästina. David Ben-Gurion erklärt am selben Tag die Unabhängigkeit des

---

223 Liste der am 10.9.1945 an Bord von HMS Winchester Castle eingetroffenen Migranten, Immigration Department of the Jewish Agency in Haifa, Nachlass Koppel-Hirsch.
224 Visastempel des Government of Palestine, Department of Migration, Serien-Nr. H/6882-3/C/, im provisorischen französischen Ausweisdokument für Henny Koppel-Hirsch und Renée Koppel, S. 11. Die Erlaubnis ist auf den 8.9.1945 vordatiert, wurde aber erst am 10.9.1945 erteilt.
225 »Ere(t)z Israel«, deutsch »Land Israel(s)«, ist die traditionelle hebräische Bezeichnung für den Teil Palästinas, auf dem 1948 der Staat Israel entsteht.
226 Ein Verzeichnis der Zieladressen ehemaliger Bewohner des Lagers Philippeville enthält für die Familie Koppel-Hirsch die Anschrift von Hennys Mutter: »*Recha Hirsch, 11 Cypress Avenue, Haifa, Palestine*«.
227 Wenig später, am 10.10.1945, befreit die jüdische paramilitärische Organisation Hagana in einer von Jitzchak Rabin geplanten Aktion die in Atlit Internierten. Das Lager wird aufgelöst.
228 Rina (hebr. »Freude/Singen«) und ihre Schwester Irit (hebr. »Lilie«) nehmen nach ihrer Heirat die Familiennamen ihrer Ehepartner Usi Ron bzw. Gideon Bach an. Irit und Gideon Bach sind inzwischen verstorben.

Staates Israel. Nach langen Jahren der Verfolgung und Unbehaustheit haben Henny Koppel-Hirsch, ihre Familie und mit ihnen Hunderttausende legale und illegale Einwanderer[229] hier ein Zuhause gefunden.

Abb. 15: Familie Koppel nach der Ankunft in Palästina um 1948

---

229 Anders als Henny und ihre Familie wanderten viele von den Nationalsozialisten verfolgte Juden ohne Erlaubnis der britischen Mandatsmacht nach Palästina ein. Im Zuge der »Alija Bet« kamen zwischen 1934 und der Staatsgründung Israels 1948 etwa 115.000 Einwanderer illegal ins Land. 51.000 wurden bis dahin von den Briten auf Zypern festgehalten und konnten erst danach einreisen.

Calmeyers Rettungsbeitrag

Verschiedene Personen tragen zwischen 1940 und 1945 durch ihre Mitwirkung dazu bei, dass Henny Koppel und ihre Familie überleben. Der konkrete Anteil Hans Calmeyers daran ist nicht leicht auszumachen. Nach den Angaben der Familie ihrer Tochter Renée ist es vor allem er, der Henny und Heinz Koppel und zuletzt auch Renée in den Niederlanden hilft. Aus ihrer Sicht ist seine Protektion entscheidend dafür, dass sie ab dem Frühjahr 1941, spätestens aber seit dem Beginn der Razzien auf Juden in Amsterdam am 14.7.1942, und bis zu ihrer Festnahme bei der Großrazzia am 20.6.1943, nicht verhaftet werden. Für eine mögliche Einflussnahme Calmeyers bei der Einstellung Heinz Koppels als Mitarbeiter des Judenrats gibt es allerdings keine Beweise. Durch diese Tätigkeit sind Heinz Koppel und seine Familie mit einem Sperrvermerk zunächst von der Deportation zurückgestellt. Die Vermutung von J. van Proosdij, Henny sei gerettet worden, indem sie von Calmeyer im Rahmen seiner Aktivitäten in der »Entscheidungsstelle nach VO 6/41« für »nicht-jüdisch« erklärt worden sei, ist, wie bereits erwähnt, eindeutig falsch. Für eine direkte Unterstützung der Familie durch Calmeyer während ihres Aufenthaltes im Durchgangslager Westerbork gibt es keinen objektiven Beleg. Auf die späteren Ereignisse außerhalb der Niederlande, also die Umstände der Internierung in »Sternlager« Bergen-Belsen, kann Calmeyer ohnehin keinen direkten Einfluss mehr nehmen. Die Möglichkeit, überhaupt für einen Häftlingsaustausch in Frage zu kommen, wird Henny Koppel-Hirsch und ihrer Familie erst durch den Besitz ecuadorianischer Ausweispapiere eröffnet. Sie werden von dem in Stockholm lebenden Onkel John Benzian entweder über die jüdische Hilfsorganisation RELICO in der Schweiz oder, wahrscheinlicher, direkt über den ehemaligen Generalkonsul von Ecuador in Schweden, Manuel Antonio Muñoz Borrero, beschafft. Es gibt keinen Hinweis darauf, dass Hans Calmeyer daran in irgendeiner Form beteiligt ist. Erst die Verlegung in das Austauschlager Bergen-Belsen und die Auswahl für den von der Schweiz vermittelten letzten Zivilinternierten-Austausch am 25.1.1945 öffnet der Familie Koppel den Weg in die Freiheit. Die Entscheidung für die »positive Selektion« treffen »Judenreferent« SS-Sturmbannführer Zoepf und vor allem

Gertrud Slottke als Angehörige des Referats IV B 4 beim BdS. Ihre Beweggründe sind nicht Mitmenschlichkeit oder Hilfsbereitschaft, sondern, nach den Angaben Calmeyers, eine »*psychologische Bestechung*«. Die näheren Umstände der Vorteilsgewährung und eventuelle Gegenleistungen sind nicht bekannt. Calmeyer deutet an, dass er mit seinem Besuch im »Judenreferat« den wesentlichen Anteil am Gelingen hat.

Wenn auch für keine der genannten Aktivitäten zu Gunsten der Familie Koppel eine entscheidende Beteiligung Hans Calmeyers anhand von eindeutigen Beweisen zweifelsfrei zu belegen ist, spricht vor allem die Aussage der Familie Koppel und ihrer Nachfahren dafür, dass er zumindest einen sehr wichtigen Beitrag zu ihrer Rettung geleistet hat. Anders als in nahezu allen Fällen, in denen er als Leiter der Entscheidungsstelle sich ergebende Handlungsspielräume ausnutzte aber letztlich »nur« reaktiv handelte, leistet er hier außerhalb seines Amtes und von sich aus aktive Rettungshilfe.

Erneutes Wiedersehen

Henny und Heinz Koppel bauen sich in Palästina, wo 1948 der Staat Israel gegründet wird, rasch ein neues Leben auf. Sie betreiben von hier aus einen international tätigen Chemie- und Rohstoffhandel, zunächst mit Geschäftspartnern aus den Niederlanden. Einige Jahre später übernehmen sie erfolgreich die Regionalvertretung des Frankfurter Unternehmens Farbwerke Hoechst AG[230]. Schon bald stellt sich wieder finanzieller Wohlstand ein.

Hans Calmeyer erlebt das Kriegsende in Apeldoorn. Hierhin sind seine Dienststelle und weitere Teile des Reichskommissariats wegen der vorrückenden Front ausgelagert worden. Am 17.4.1945 befreien kanadische Truppen die Stadt. Die gefangenen Mitarbeiter der deutschen Besatzungsbehörden werden an die Niederländer übergeben und im Strafgefängnis Scheveningen interniert. Am 9.5.1945 kapituliert die deutsche Wehrmacht endgültig. In Scheveningen beginnen kurz darauf die Ermittlungen wegen Kriegsverbrechen während der Besatzungszeit. Calmeyer argumentiert in den Verhören, dass ihm »*nichts zur Last zu legen*« sei. Das heimliche Ziel seiner Tätigkeit als Leiter der Entscheidungsstelle habe darin bestanden, Schlimmeres zu verhindern. Seinen »*leidenschaftlichen guten Willen*« habe er »*immer nur in den Grenzen des Möglichen, gezügelt durch kühlen Verstand*«[231] gebrauchen können. So sei es ihm gelungen, Tausende Juden vor der Deportation zu retten. Das Verfahren gegen Calmeyer wird schließlich am 12.7.1946 eingestellt Er kehrt in seine Heimatstadt Osnabrück zurück. Ab November 1946 arbeitet er dort erneut als Rechtsanwalt und Notar.[232]

---

230 Der Schwiegersohn von Henny Koppel-Hirsch, Uri Ron, gründet 1991 mit seinem Sohn die Chemitron-Unternehmensgruppe. Mit ihr sehen sie sich heute als fünfte Generation einer Unternehmensgeschichte, die sie bis auf die Gründung der Hamburger Firma Benzian & Co. im Jahr 1880 zurückführen.
231 MIDDELBERG, S. 182.
232 Ab 1947 ist Calmeyer für etwa ein Jahr Mitarbeiter im niedersächsischen Kultusministerium unter Minister Adolf Grimme. Anschließend nimmt er seine Tätigkeit als Anwalt in Osnabrück wieder auf.

Der private Kontakt zwischen Ruth und Hans Calmeyer und der Familie Koppel-Hirsch wird bald nach Kriegsende wiederhergestellt. Vermutlich ist es Henny, die mit einem Brief nach Osnabrück erneut die Verbindung aufnimmt.[233] Die wirtschaftlichen Verhältnisse der beiden Paare haben sich umgekehrt. Während Henny, der ehemalige »Lehrling« von 1933, und ihr Mann zu Wohlstand gekommen sind, muss Ruth schwierige Zeiten überstehen. Bis zur Entlassung ihres Mannes aus niederländischer Haft ist sie weitgehend auf sich allein gestellt. Danach gilt es, das Anwaltsbüro, dessen Geldgeschäfte sie wieder führt, neu aufzubauen. Die Anfänge sind nicht einfach. Man startet *»mit einer Schuldenlast von mehr als 10.000 Mark«*[234]. Das Ehepaar Calmeyer, das schon in der bestimmenden städtischen Oberschicht der Vorkriegszeit als anders und nicht ganz zugehörig galt, hat auch in der Osnabrücker Nachkriegsgesellschaft mit dem Wiedererstarken restaurativer Kräfte keinen leichten Stand. In dieser schwierigen Situation wird es nach Auskunft der Nachfahren Henny Koppels von ihr durch finanzielle Zuwendungen unterstützt:

»Sie hat monatlich Geld an Ruth Calmeyer überwiesen, aus Dankbarkeit.«[235]

Diese Zahlungen erfolgen über mehrere Jahre. Neben der Familie Ron-Koppel weisen auch die Töchter von Lotte Pfannenschmidt auf solche heute nicht mehr nachprüfbaren Zahlungen hin, über die von ihrer Mutter wiederholt gesprochen worden sei[236]. Es ist naheliegend, dass die Überweisungen aus Dankbarkeit für Hilfen Hans Calmeyers in den Jahren der Verfolgung und nicht ausschließlich als Freundschaftshilfe erfolgen. Andere »Gegenleistungen« von Seiten des Ehepaars Calmeyer sind nicht bekannt.

Möglicherweise kommt es schon bald nach dem Krieg zu einer persönlichen Wiederbegegnung Hennys mit Ruth Calmeyer in der Schweiz. Ruth hält sich ab Ende der 1940er Jahre wiederholt und teilweise für längere Zeit dort auf, unter anderem, um gesundheitliche Probleme auszukurieren.[237] Henny Koppel-Hirsch nimmt auch die Verbindung zu ihrer Freundin Lotte Pfannenschmidt aus Bad

---

233 Hans Calmeyer und seine Frau hatten spätestens nach der Deportation Hennys und ihrer Familie nach Bergen-Belsen im April 1944 keine Informationen über deren Aufenthalt. Hingegen ist Henny Koppel-Hirsch Calmeyers alte Wohnadresse in der Friedrichstraße in Osnabrück bekannt.
234 NIEBAUM, S. 318.
235 Telefongespräch mit Usi Ron am 6.6.2023 und E-Mail vom 14.6.2023. Danach erfolgen die Zahlungen über mehrere Jahre.
236 Gespräche mit Britta Malzahn geb. Pfannenschmidt vom 18.8.2023 und Marianne Groß geb. Pfannenschmidt vom 19.8.2023.
237 Henny Koppel hält sich nach Angaben der Familie schon bald nach Kriegsende häufig zu Urlauben in der Schweiz auf. In St. Aubin bei *Neuchâtel* besitzt ein Onkel Calmeyers ein Ferienhaus, das die Eheleute Calmeyer bereits vor dem Krieg einige Male besuchten. Niebaum spricht im Zusammenhang mit der Nachkriegsreise in die Schweiz von Ruths »*Darm-, Gallen- (und wohl auch Ehe-) problemen*«. NIEBAUM, S. 308.

Essen wieder auf. Man schreibt sich Briefe, telefoniert später gelegentlich miteinander, und zur Freude der Pfannenschmidt-Kinder kommt ab und zu eine Kiste israelischer Apfelsinen an. Aber es dauert noch bis in die 1960er Jahre, bis sich Lotte und Henny persönlich wiedersehen. Lottes Schwiegersohn fährt sie dazu nach Frankfurt, wo die Eheleute Koppel wieder einmal im Rahmen ihrer Tätigkeit für das Unternehmen Hoechst geschäftlich zu tun haben[238]. In den Erinnerungen von Lottes Töchtern klingt bis heute noch viel von der Herzlichkeit der Beziehung zwischen ihr und Henny nach.

Abb. 16: Henriette Koppel-Hirsch um 1960

Unklar ist, ob das Ehepaar Koppel die Calmeyers nach dem Krieg in Osnabrück besucht[239]. Ein konkreter Hinweis auf ein weiteres persönliches Treffen mit Ruth Calmeyer in der Schweiz findet sich in einem Brief Hans Calmeyers an Henny und Heinz Koppel vom 18.12.1961.[240] Darin geht er zunächst auf deren Bauvorhaben in Israel ein, über das Ruth und er gut unterrichtet sind:

»Ein Haus baut ihr im Karmel (ich habe von Euch eine sehr schöne Küstenkarte mit dem Karmel, kann Euer neues Haus, und zwar nach Belieben, da hineinzeichnen, da

---

238 Gespräche mit Britta Malzahn geb. Pfannenschmidt vom 18.8.2023 und Marianne Groß geb. Pfannenschmidt vom 19.8.2023.
239 Siehe NIEBAUM, S. 321. Niebaum erwähnt einen Besuch des »*Ehepaar*(s) *Koppel aus Israel*« in Osnabrück, gibt aber keine näheren Informationen zum Zeitpunkt oder zum Verlauf.
240 NLA OS Dep 107 Nr. 28; Abschrift eines Briefes von Hans Calmeyer an Heinz und Henny Koppel-Hirsch vom 18.12.1961. Aus dem Archivmaterial geht nicht hervor, ob der Brief tatsächlich versandt wurde.

Ihr – damals – die Lage des neuen Hauses noch nicht angeben konntet.) Ruth und ich sind viel auf der Baustelle.«[241]

Wichtiger als das Bild eines konkreten Gebäudes ist Calmeyer die Vorstellung vom Entstehen einer dauerhaften festen Heimat für Henny und ihre Familie. Er fährt fort:

> »Ruth ist seit Z ü r i c h sowieso mehr bei Euch, als hier ›zu Hause‹. Ihr müsst sie ja sehr verwöhnt haben. Und es heißt bei ihr nicht etwa: ›in Zürich‹ oder ›auf dem Dolder….‹, sondern: ›Heinz würde sagen, Heinz trägt nur …‹. Entweder ist Heinz von Natur und Anlage ein sehr wirkungsvoller Patriarch oder er hat mit Fleiß, vielleicht aus Notwehr gegenüber den vielen Damen seiner engeren Familie den Infarkt geschickt zur Position des Patriarchen ausgeweitet. Wenn nicht bei Euch zu Hause, bei Ruth gilt er als d i e Instanz, der man gehorchen muss. Mein Vorschlag: Heinz soll den Infarkt ablegen. Patriarch kann er bleiben!«[242]

»Auf dem Dolder«, dem Westhang des Adlisbergs in Zürich, liegt das 5-Sterne-Hotel Dolder Grand. Das Treffen findet also womöglich an einem ausnehmend luxuriösen Ort statt. Mit den »*vielen Damen*« sind Henny und die beiden Töchter Renée (Rina) und Irit gemeint. Dem erwähnten Infarkt Heinz Koppels werden später weitere Herzinfarkte folgen. Ruth Calmeyer scheint die gemeinsame Zeit mit Henny und Heinz sehr genossen zu haben. Die scherzhaft ironisch gemeinten Anmerkungen zum großen Eindruck, den Heinz Koppel auf Ruth hinterlassen hat, und zu dessen »Patriarchat«, machen das durch Respekt aber vielleicht auch von männlichem Konkurrenzdenken geprägte Verhältnis Hans Calmeyers zu Hennys Ehemann deutlich. Sie zeigen zudem eine gewisse Vertrautheit, die auf vorausgegangene Begegnungen hindeutet. Dann beschreibt Calmeyer die Vorteile eines nur imaginierten zweiten Hauses in Bussum[243]:

> »Darin bin i c h sehr zu Hause, und das wohl nicht zuletzt deshalb, weil es ein Wunsch- und Traumhaus ist. Ich meine, es ist sehr solide gebaut. Traumhäuser können nicht brennen, nicht einstürzen, nicht einmal enteignet werden. Es ist mit ihnen, wie mit den schönen Dingen, die man vor Weihnachten bei Schäffer als Kind im Schaufenster sah und sich wünschte, das Näschen plattgedrückt an der Schaufensterscheibe. Da sind die Dinge, eben gerade wegen der Schaufensterscheibe, die das **Haben** und das Antatschen hindert, viel schöner, als wenn man sie bekommt. Ja, sie sind unverlierbar. Behaltet es bitte, auch wenn Ihr noch zweimal drüben bauen solltet! Heinz' ›Haus in Bussum‹ hat

---

[241] Ebd. Der *Karmel* ist ein kleiner Gebirgszug im Norden Israels entlang der Mittelmeerküste bei Haifa.
[242] Ebd.
[243] Der nicht weit von Amsterdam gelegene Ort Bussum war vor dem Krieg bekannt für seine ausgedehnten Villenviertel und eine große jüdische Gemeinde. Ende der 1930er Jahre kamen auch viele jüdische Flüchtlinge aus Deutschland hier unter. Vielleicht befand sich das erträumte »*Wunschhaus*« von Heinz und Henny hier.

zudem den großen Vorzug für mich, dass ich mich ungeniert dorthin einlade, gar nicht erst Heinz' Einladung abwarte.«[244]

Das unzerstörbare »*Wunsch- und Traumhaus*« der Koppels, in dem sich Calmeyer – mit oder ohne Einladung – »*zu Hause*« fühlt, ermöglicht es ihm, seine eigene »Unbehaustheit«, die er auch noch im Nachkriegsdeutschland empfindet, für kurze Zeit zu vergessen. Mit dem Hinweis auf das weihnachtliche Schaufenster »*bei Schäffer*« gibt er seinem Brief einen gehörigen Schuss Osnabrücker Lokalkolorit[245].

---

244 NLA OS Dep 107 Nr. 28, Brief vom 18.12.1961.
245 »Schäffer« ist das Osnabrücker Traditionsgeschäft Carl Schäffer am Nikolaiort. Es verfügt über eine große Spielwarenabteilung. Henny wird es vermutlich kennen.

Das Thema

Im zweiten Teil des Briefs an Henny und ihren Mann erwähnt Calmeyer sein Gefühl der »Unbehaustheit«[246] ausdrücklich als eine ihnen bereits bekannte Tatsache. Dann kommt er auf das Thema zu sprechen, das ihn bis zu seinem Tod nicht mehr loslässt. Es ist die Frage nach der Schuld »der« Deutschen, nach der Verantwortung und der Rechenschaftspflicht und nach seinem individuellen Anteil daran. Die Teilnahme an einer Tagung in der Evangelischen Akademie Loccum im Dezember 1961 ist der aktuelle Anlass, Henny und Heinz seine Gedanken dazu mitzuteilen. Die Tagung befasst sich mit den Strafprozessen gegen NS-Täter und trägt den Titel »Politische Prozesse heute«[247]. Calmeyer schreibt an das Ehepaar Koppel:

> »Ich – Ihr wisst das – nicht sehr zu Hause in meinem Vaterlande, ja man kann sogar sagen: Ein unbehauster Mensch – habe kürzlich und ganz unerwartet mich in einem penetrant christlichen Hause sehr zu Hause gefühlt: In Loccum, im evangelischen Kloster Loccum, hielten Juristen eine Tagung zum Thema: Die Eichmänner unter uns. Ich war hingefahren, um dort Fragen zu stellen, darunter vordringlich eine einzige Frage: Müssen wir nicht Zeugnis ablegen, und vor allen Dingen: Stehen wir nicht alle selbst vor dem Gericht? Ich habe dann die Fragen, die ich auf dem Herzen hatte, gar

---

246 Immer wieder greift Calmeyer in seinem Brief auf das Symbol »Haus« zurück und stellt es einem Zustand des Unbehaustseins gegenüber. Zur ambivalenten tiefenpsychologischen Bedeutung des Haus-Symbols siehe Mathias Hirsch: Das Haus. Symbol für Leben und Tod, Freiheit und Abhängigkeit, Gießen 2006.
247 Siehe Protokoll der Tagung »Politische Prozesse heute« vom 29.11.–2.12.1961 (Typoskript). Leitung: Hans Bolewski. Protokoll: Jörn Halbe. Evangelische Akademie Loccum, 1962. (TAGUNG LOCCUM 1961). Mehrere Referenten, darunter der Frankfurter Generalstaatsanwalt Dr. Fritz Bauer, weisen darauf hin, dass, anders als nach dem Tagungstitel zu vermuten wäre, die Prozesse gegen die NS-Täter keine politischen Prozesse seien. Es gehe um Kriminalprozesse wegen Verbrechen an der Zivilbevölkerung. Calmeyer erinnert sich 4 Jahre später, im März 1965, an die Tagung: »*Und doch, vor Jahren stellte sich aber einmal hier zwischen Juristen und Theologen eine Sprachverwirrung heraus. ›Der politische Prozess‹ wurde als Thema gestellt. Aber es ging gar nicht um ihn: die Vorträge galten zu 60 % dem Thema: Völkermord, Mordlust, im Prozess. (…) Es schlug uns an, es bewegte uns (Es war das Thema: Schuld).*« CA A 10. 1965.07.03.

nicht gestellt und doch eine Antwort nach Hause getragen. Eine sehr positive Antwort sogar, die Vieles an schwerer Befangenheit in mir gelöst hat und mich sehr dankbar des Klosters in Loccum und jener 4 Tage dort gedenken lässt. Es waren mehr Leute und sogar mehr Juristenmenschen da, die sich verzweifelt bemühen um Verantwortung und um die Schuld ›im eigenen Haus‹. Es ist gut für mich zu wissen, dass es unter Landsleuten und gar deutschen Juristen mehr Leute als nur mich gibt, die da sprechen von der Schizophrenie nicht nur der Jahre 1933 bis 1945, sondern auch von der schizophrenen Situation, in der sich noch heute – ›vor dem Gericht‹ – die deutsche Justiz befindet.«[248]

Etwa gleichzeitig mit der Loccumer Tagung endet der Prozess gegen den ehemaligen SS-Obersturmbannführer Adolf Eichmann in Jerusalem[249], der in Loccum starke Resonanz findet[250]. Das ist wohl ein Grund dafür, dass Calmeyer in seinem Brief den Tagungstitel falsch mit »*Die Eichmänner unter uns*« angibt. Es tröstet ihn festzustellen, dass sich auch andere Deutsche, »*Landsleute*«, mit »seinem Thema« auseinandersetzen. Wenn Calmeyer in diesem Zusammenhang von »*der Schizophrenie*« der NS-Zeit und der Gegenwart spricht, meint er damit die umgangssprachliche Bedeutung des Begriffs: die Vorstellung von einer wahnhaften, absurden »inneren Widersprüchlichkeit«. Es sind zunächst und vor allem die Widersprüche im Denken und Handeln »des deutschen Volkes«. Um sie aufheben zu können, müssen die Deutschen die Verantwortung für die Schuld »*im eigenen Haus*« annehmen.[251] Aber es geht auch um die Aufarbeitung von Widersprüchen, die dadurch entstehen, dass Deutsche bei den damals aktuellen NS-Prozessen sowohl auf der Anklagebank als auch auf der Richterbank sitzen:

> »Es wurden furchtlos erschütternde und schockierende Dinge gesagt, so, wie sie gesagt werden müssen. Dass kein Vortragender Antworten mitbrachte – es ging nicht um Lösungen; es waren guter Weise gar keine Vorträge, eher leidenschaftliche Erlebnisberichte von Untersuchungsrichtern, Staatsanwälten und Verteidigern, die Gericht zu halten haben, auch wenn sie selbst gerichtet werden sollen – gerade das ergab für mich eine Antwort: nicht zufälligerweise: aus dem a l t e n Testament, auf das übrigens bei diesem Thema auch andere Juristen nicht grundlos zurückgriffen. Der Prophet Hese-

---

248 NLA OS Dep 107 Nr. 28, Brief vom 18.12.1961.
249 Der Prozess, in dem sich Adolf Eichmann für den millionenfachen Mord an Juden verantworten musste, fand vom 11.4.1961 bis 15.12.1961 vor dem Bezirksstrafgericht in Jerusalem statt. Eichmann wurde zum Tode verurteilt und am 1.6.1962 gehängt.
250 Der TV-Redakteur Joachim Besser, der für die ARD unter dem Titel »Eine Epoche vor Gericht« regelmäßig über den Verlauf des Prozesses gegen Adolf Eichmann in Jerusalem berichtet hatte, hält einen Vortrag mit dem Titel »*Die Lehren des Eichmannprozesses*«. Er spricht darin von der »*repräsentativen Bedeutung*« Eichmanns »*in seiner Eigenschaft als nicht-denkender SS-Bürokrat, der jeden Befehl blind ausführt*«, und er ergänzt: »*An der Vorbereitung der Morde waren tausende von Eichmanns beteiligt und jeder von ihnen eine austauschbare Größe.*« TAGUNG LOCCUM 1961, S. 25–29.
251 Dabei geht es um die Annahme der Verantwortung für die politische und moralische Schuld, nicht für die Verbrechen (kriminelle Schuld) Einzelner, die ihre Taten vorgeblich im deutschen Namen verübten.

kiel, den Ihr eigentlich ja besser kennen müsstet als ich, spricht von seinem Volk, dem Hause, das von Gott verworfen war. Und ihm wird aufgetragen:

> Du musst es sagen zu ihnen!
> Ob sie es hören, ob sie es annehmen,
> das kümmere dich nicht. Du musst es sagen!

Und seither – zumal ich in Loccum etliche fand, denen Schock und Therapie wohltat, trage ich meine im Rangeln mit Jakobs Gott verrenkte Hüfte mit mehr Geduld, ja ich habe die Hoffnung, dass mein eigenes so verworfenes Haus im Gericht, dessen es zur Reinigung bedarf, vielleicht besteht.«[252]

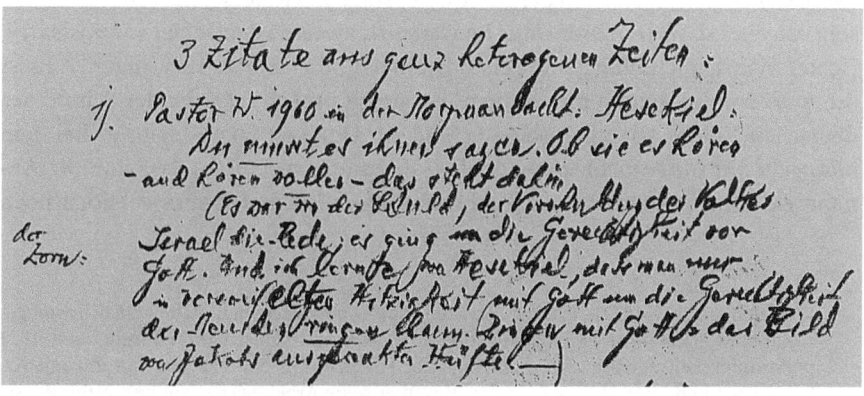

Abb. 17: Ausschnitt mit Bibelzitaten aus einem Skript Calmeyers vom 7.3.1965

Viele Vortragende und Teilnehmer der Tagung im Kloster Loccum fragen nicht nur nach den juristischen Aspekten von Schuld, Verantwortung und Sühne, sondern auch nach der theologischen Dimension. Das zeigen die häufigen Verweise auf Gott bzw. »das Göttliche«[253]. Obwohl Calmeyer weder nach außen noch im engeren Freundes- und Verwandtenkreis als kirchennaher Mensch wahrgenommen wird[254], beschäftigt er sich ebenfalls intensiv mit religionsphilosophischen Fragen.[255] Mit dem Hinweis, Henny und Heinz müssten den erwähnten

---

252 NLA OS Dep 107 Nr. 28, S. 1f, Brief vom 18.12.1961.
253 Einer der Vortragenden, der hessische Generalstaatsanwalt Fritz Bauer, Sohn liberal-jüdischer Eltern und Atheist, verlangt deshalb ausdrücklich: »*Was im juristischen Sinne ›Schuld‹ genannt wird, dürfen wir nicht verwechseln mit dem, was der Theologe darunter versteht. – Wir sollten trennen und menschliche Dinge menschlich verhandeln. Die Staatsanwälte sind nicht das ›Jüngste Gericht‹. – Die Kleinheit der Seele sollte uns davor bewahren zu metaphysieren.*« TAGUNG LOCCUM, Aussprache vom 1.12.1961, S. 34.
254 Die Osnabrücker Ortspolizeibehörde hatte ihn am 20.5.1933 in einem Schreiben im Zusammenhang mit den Nachforschungen über eine »kommunistische Betätigung« sogar fälschlich als »*ohne Religionsbekenntnis*« beschrieben. Siehe NLA OS Rep 940 Akz 2001/015.
255 Siehe dazu beispielhaft Calmeyers Skript für eine Tagung in Loccum, »3 Zitate aus ganz heterogenen Zeiten«, CA A 10 1965.07.03. Der dort erwähnte »Pastor W.« ist Herman

Propheten Hesekiel »*eigentlich ja besser kennen als ich*«, wendet er sich explizit an sie als Juden. Sie sind stellvertretend für alle jüdischen Opfer die Adressaten seiner Thematik von Schuld, Reue und Gnade. Nach der Vorstellung des Alten Testaments bzw. der Hebräischen Bibel, die auch Calmeyer teilt, gibt es eine »*Gerechtigkeit vor Gott*«[256], einen Rechtswillen Gottes, dem der Mensch folgen soll. Das leicht abgewandelte Bibelzitat nach Hesekiel[257] zeigt die über die menschliche Gerechtigkeit hinausweisende Pflicht der Menschen, zu ihrer Verantwortung und Schuld zu stehen. Nichts darf verheimlicht werden. Alles muss gesagt werden, unabhängig davon, ob es gehört und angenommen wird oder nicht. Calmeyer sieht sich in der Rolle eines solchen »Rufers«, der seine Worte an sein »*eigenes so verworfenes Haus im Gericht*«, an seine deutschen »*Landsleute*«, richtet. Wie den schuldig gewordenen Jakob der Bibel sieht er sich ringen[258]. Es ist die Auseinandersetzung mit der von ihm anerkannten Tatsache der Schuld des deutschen Volkes, die auch seine Schuld ist. Und wie Jakob bleibt er bei dem »*Rangeln mit Gott*« nicht unbeschädigt. Er kann aber hoffen, dass ihm die Annahme der nicht sühnbaren Schuld durch die »*Gnade der Reue*«[259] doch noch

---

Weidelener (1903-1972), Priester der den Anthroposophen nahestehenden Christengemeinschaft. Dessen »Religionsphilosophische Arbeitsgemeinschaft« verbreitet seit 1933 philosophische, religiöse und mythologische Themen. Der NS-Staat verfolgt ihn mit Arbeitsverbot und Haft. Nach dem Krieg nimmt er seine Arbeit wieder auf und verbindet sie mit einer vom Buddhismus inspirierten abendländischen Meditationspraxis. Niebaum behauptet allerdings, Calmeyer habe die Ideen Weideleners »*rundheraus*« abgelehnt. »*Weidelener-Adepten*« in seinem Bekanntenkreis habe er in den frühen 1950er Jahren als »*Weidelämmer*« bespöttelt, »*die nach seinem Dafürhalten einem Sektierer auf den Leim gehen*«. Vgl. NIEBAUM, S. 330.

256 In Vorbereitung auf eine weitere Loccumer Tagung im März 1965, also 4 Jahre später, erläutert Calmeyer den Unterschied zwischen göttlicher und menschlicher Gerechtigkeit so: »*Das Thema: Gerechtigkeit ist für Juristen und Theologen Zweierlei, sollte aber Einerlei sein. Es gibt die Gerechtigkeit vor Gott: Der Mensch als ›der Gerechte‹, und es gibt eine umfangreiche Etage tiefer das(,) was wir Juristen die Gerechtigkeit nennen; Rechtsfriede unter den Menschen, Verhinderung von Unrecht in der Welt, im höchsten Fall, und ›Frieden in der Welt, für alle, die guten Willens sind.‹*« CA A 10. 1965.07.03.

257 Calmeyer zitiert, offensichtlich aus der Erinnerung, nach Ezechiel (Hesekiel) 2,7. Der Textausschnitt lautet in der Übersetzung Luthers: »*sondern du sollst ihnen meine Worte sagen, sie gehorchen oder lassen es; denn sie sind ein Haus des Widerspruchs*«.

258 Die »*im Rangeln mit Jakobs Gott verrenkte Hüfte*« ist ein Verweis auf 1.Mose 32.23-33. Jakob, der Schuld auf sich geladen hat, ringt am Fluss Jabbok mit einem Unbekannten (Gott/ Bote Gottes?), der ihn dabei an der Hüfte verletzt. Nach langem Kampf bittet der Gegner Jakob, ihn loszulassen. Jakob antwortet: »*Ich lasse dich nicht los, bevor du mich gesegnet hast.*« Er erhält den Segen und den neuen Namen Israel (»er kämpft wider Gott« aber auch »Gott heilt«).

259 In der Hoffnung auf diese »Gnade« unterscheidet sich Calmeyer wohl von vielen anderen Teilnehmern der Loccumer Tagung von 1961, »*mit erschreckender Häufigkeit Akademiker, nicht zuletzt Juristen, die sich bemühen, ihre Untaten zu erklären, von Tränen des Selbstmitleids geschüttelt, aber ohne eine Regung der Reue. (…) Keinem von ihnen (…) wurde die*

»zum Segen« wird. Zu dieser Hoffnung passt das optimistische Resümee, das Calmeyer zum Schluss seines Briefes nach Israel zieht. Obwohl Henny und Heinz Koppel Opfer der NS-Verfolgung waren und zahlreiche Verwandte und Freunde in der Schoah verloren haben, ist er sich ihrer Anteilnahme an seiner Schuld absolut sicher. Er schreibt ihnen:

> »Dies etwa. Darüber wäre Längeres zu sagen. Euch genügt es gewiss, dass ihr hört: Hans fand in Loccum, wohin er recht befangen und fragend fuhr, wenn auch noch nicht seine ganze Unbefangenheit wieder, so doch ein Haus, in dem er gewichtige an seinem Hals hängende Mühlsteine abwerfen konnte.«[260]

Es ist bemerkenswert, dass Calmeyer in seinem Brief an Henny und Heinz eine Verantwortung und Rechenschaftspflicht für *»erschütternde und schockierende Dinge«* erklärt und fordert, aber seine eigene Tätigkeit in den Niederlanden mit keinem Wort erwähnt. Im Gegensatz zu seinen Ausführungen zur Schuld der deutschen *»Landsleute«*, der Schuld *»im eigenen Haus«*, für die wir vielleicht *»alle selbst vor Gericht stehen«* müssten[261], ist von seinem möglicherweise individuell zu verantwortenden Anteil daran nicht die Rede. Zumindest an dieser Stelle erfüllt Calmeyer nicht die Forderung des Propheten Hesekiel, die er sich zuvor zu eigen gemacht hat. Die Frage nach dem Umgang mit seiner unmittelbaren persönlichen Schuld wird aber, wenn auch wie hier unausgesprochen, immer sein zentrales *»Thema«* bleiben und ihn weiter begleiten.

Leider ist nicht bekannt, wie Henny und Heinz Koppel auf den Brief reagieren, der nur einer in einem bereits länger andauernden mündlichen oder schriftlichen Gedankenaustausch gewesen sein kann. Nichts deutet darauf hin, dass die Eheleute zuvor oder später in irgendeiner Weise Vorwürfe gegenüber Calmeyer erheben. Im Gegenteil: Sie und ihre Nachfahren legen stets Wert darauf, zu betonen, dass Hans Calmeyer *»für unsere Familie ein guter Mensch«* war[262]. Sie empfinden uneingeschränkte Dankbarkeit gegenüber ihrem Helfer und nehmen ihn gegen kritische Stimmen in Schutz. Im Zusammenhang mit seiner Tätigkeit in den Niederlanden heißt es:

Gnade der Reue zuteil.« Karl O. von Aretin: »Über Eichmann zu uns.«, in: Wochenzeitung »Die Furche« 11/12/1961, S. 6.
260 NLA OS Dep 107 Nr. 28, Brief vom 18.12.1961. Calmeyer benutzt wiederholt das Bild von dem »Mühlstein« bzw. Schleifstein im Zusammenhang mit der Bewältigung von Schuld. Siehe NIEBAUM, S. 368f.
261 Es wäre zu klären, ob Calmeyer mit diesen Formulierungen die Auffassung vertritt, es gäbe eine alle Staatsbürger des NS-Staates umfassende »Kollektivschuld« mit juristischer Relevanz, oder ob er damit auf die politische und moralische Schuld und eine daraus resultierende »Kollektivverantwortung« hinweisen will.
262 Telefongespräch mit Usi Ron vom 6.6.2023.

»Klar, dass er nicht alle retten konnte und dass ihm die Angehörigen derer, die er nicht retten konnte, Vorwürfe machen würden.«[263]

Hans Calmeyer selbst brüstet sich zu keiner Zeit mit seinem Anteil an der Rettungsgeschichte der Familie Koppel. In einem Brief an den Verfasser eines Standardwerkes über die Verfolgung und Vernichtung der niederländischen Juden[264] scheint er ihn sogar abzustreiten. Er schreibt:

> »Ich habe Freunde in Israel, denen ich nicht geholfen habe, die dennoch am Leben sind. Diese Freunde reden mir seit Jahren zu, das Thema, welches wie ein gewaltiger Klotz auf meinem Herzen liegt, endlich aufzugeben. Das gelingt mir nicht und darf auch nicht sein.«[265]

Henny und Heinz Koppel-Hirsch sind die einzigen Israelis, mit denen sich Calmeyer nachweislich in dieser Zeit und wiederholt austauscht. Mit ihnen spricht er über »*das Thema*« und sie sind es, die ihm zureden, es »*endlich aufzugeben*«. Sie sind also die Freunde, von denen es im Brief heißt, er habe ihnen »*nicht geholfen*«. Gegenstand des Briefes ist aber seine Arbeit als Leiter der Entscheidungsstelle. Die Tätigkeit dort und nicht die auf diesem Weg zwar erfolglose aber auf andere Weise gelungene Hilfe für die Freunde ist die Ursache für den »*Klotz*« auf Calmeyers Herzen.

Der Brief an Henny und Heinz vom Dezember 1961 ist nicht die letzte Gelegenheit, bei der Hans Calmeyer ihnen gegenüber »das Thema« zur Sprache bringt. Sein Hadern macht die nach 1945 fortgesetzte Beziehung zu ihm dauerhaft kompliziert.

Die stete Präsenz der Schuldfrage ist für Calmeyers Frau Ruth ebenfalls eine Belastung, wenn nicht ein Ärgernis. Sie ist überzeugt von der Richtigkeit der Taten ihres Mannes in den besetzten Niederlanden. Aus ihrer Sicht gibt es hier nichts zu bereuen oder zu beklagen. Bei den Treffen mit den bewunderten israelischen Freunden in der Nachkriegszeit sucht sie vor allem den lebensbejahenden Austausch mit ihnen. Aber wie zu Hause erlebt sie auch bei diesen Gelegenheiten oft den trostlos Sühnenden an ihrer Seite, den »*alles schwarze Geschehen der vergangenen Jahre*« begleitet, »*als ob es sein eigener Schatten geworden wäre*«.[266]

---

263 Ebd. Diese Auffassung wird heute von vielen Personen geteilt, die die Tätigkeit Calmeyers in der »Entscheidungsstelle« insgesamt positiv beurteilen.
264 CA B3, 1965.27.09. Adressat des Briefes ist der Niederländer Dr. J. Presser. Dr. Jaques Presser: Ondergang. De Vervolging en Verdelging van het nederlandse Jodendom 1940–1945, 's-Gravenhage 1965. Calmeyer schickt den Brief nicht ab. Er gerät erst zwei Jahre später auf Umwegen an seinen Empfänger. NIEBAUM, S. 349.
265 CA B3, 1965.27.09.
266 Eberhard Westerkamp, ein Jugendfreund Calmeyers, zitiert nach MIDDELBERG, S. 189.

Hans Calmeyer verfolgen noch immer »die Ereignisse, die ihn zwingen, jede Nacht mit Zoepf Zwiesprache zu halten, mit ihm zu handeln über Schuld und notwendige Sühne.²⁶⁷« Es ist kein Zufall, dass er die imaginären nächtlichen Zwiegespräche mit seinem Hauptwidersacher hält. Der zivile Amtsleiter Calmeyer in der Besatzungsverwaltung und sein zentraler Gegenspieler, der uniformierte Amtsleiter Zoepf im niederländischen »Eichmannreferat«, sind sich in manchen Dingen nicht unähnlich, etwa in ihrer juristischen Bildung, ihrer hohen Intelligenz, ihrer gepflegten Kultiviertheit und ihrem Interesse für Literatur und Musik. Andererseits ist Zoepf mit seiner dunklen Seite eines »schuldfähigen Mörders« die ideale Person und auch die ideale Projektionsfigur zur Auseinandersetzung mit eigener Schuld und Sühne. Zwar sieht Calmeyer sich nicht als »Mitschuldigen« an der Ermordung der Juden in den Niederlanden und »schon gar nicht« als einen Mörder wie Zoepf. Er betrachtet sich vielmehr als einen, »der auf der Gegenseite stand, zum Widerstand gegen Hitler gehörte.« Als »Landsmann der Mörder« sitzt er aber auf einer

> »Anklagebank, die er selbst oder mit ihm die bekennende Kirche gezimmert hat. Auf dieser Anklagebank sitzen auch diejenigen, die vom 20. Juli am Leben blieben. Es geht um die Patrioten, die dem Morden Einhalt gebieten wollten. Was sie im Widerstand (widerstehend) taten, steht zur Anklage. Sie fragen sich: war, was wir taten, recht, richtig und genug? Ganz sicher: Es war zu wenig, was getan wurde.«²⁶⁸

Zur Rechtfertigung des eigenen Verhaltens vergleicht sich Calmeyer hier mit den Beteiligten des missglückten Attentats auf Adolf Hitler am 20.7.1944. Indem er und sie Widerstand leisteten, handelten sie recht, taten sie das Richtige. Nicht sie verrieten ihr Land, sondern ihre mordenden Landsleute waren die »Vaterlandsverräter«²⁶⁹. Die Attentäter, die ihr Leben ließen, seien durch ihren Tod »*von vornherein entsühnt*«²⁷⁰. Er selbst aber müsse im Bewusstsein der eigenen Schuld leben, »*von seinem Gewissen geplagt, so sauber es sein mag. Er weiß, sein Tun war nicht in Ordnung.*«²⁷¹ Es bleibt ihm daher nur, das »*Dunkle*«, das er nie mehr ganz verlassen kann, anzunehmen. Dazu ist er bereit. Er weiß, dass er, wie im Märchen vom »Hans im Glück« erst »*zu Hause*« sein kann, wenn »*er nur noch den schweren Wackerstein heimbringt.*«²⁷² Aber diese unbedingte Schicksalsbejahung will ihm

---

267 Brief an Dr. Prey, Handschriftlicher Zusatz (S. 16).
268 Ebd.
269 Diese Feststellung ist für Calmeyer von großer Wichtigkeit. Der moralische Vorwurf »Vaterlandsverräter« gewesen zu sein, trifft auch Jahrzehnte nach Kriegsende viele Widerstandsleistende.
270 A.a.O., S. 16.
271 Ebd.
272 Niebaum, S. 368f.

nicht dauerhaft gelingen. Weiterhin schaut Calmeyer herauf aus der »*schuldbeladenen Finsternis*«²⁷³ seiner Vergangenheit.

Die Blickrichtung von Henny und Heinz Koppel ist eine völlig andere. Im Gegensatz zu Calmeyer wollen sie vor allem auf die Gegenwart und in die Zukunft blicken. Das ist der Grund, aus dem sie Calmeyer ausdrücklich davon abraten, »*das Thema*« weiterzuverfolgen. Ihr Ziel ist es, ihre eigene »leidbeladene Finsternis« hinter sich zu lassen. Über diesen Teil ihrer Vergangenheit, über das Erlittene, über Hunger und Demütigungen, über die Ermordung naher Verwandter und Freunde durch das NS-Regime, wird deshalb selbst innerhalb der eigenen Familie wenig gesprochen.²⁷⁴ Aber dieses Verdrängen, das absichtliche oder auch unbewusste Vermeiden, »darüber« zu reden, das viele Überlebende versuchen, kann nur begrenzt funktionieren. Es verhindert nicht, dennoch zu fühlen und zu erinnern. Erlebnisse mit so starkem emotionalen Gehalt sind fest im Gedächtnis verankert. Niemand lässt die Lager psychisch unversehrt hinter sich.²⁷⁵ Offen bleibt daher, welche organischen und seelischen Verfolgungsschäden Henny und ihre Familie überwinden können, welche sie dauerhaft begleiten und welche sie an nachfolgende Generationen weitergeben.

Einen Einblick in ihre Gefühlslage angesichts des ihnen und Millionen anderen durch Deutschland und die Deutschen zugefügten Leids gibt ein Gespräch, das stattfindet, als der zukünftige Ehemann von Hennys Tochter Renée, Usi Ron, die Familie 1962 kennenlernt²⁷⁶. Er fragt Heinz Koppel, ob es für ihn aufgrund der Familiengeschichte nicht schwierig sei, ausgerechnet für ein deutsches Unternehmen und ausgerechnet für die Firma Hoechst²⁷⁷ in Frankfurt zu arbeiten. Hasse er die Deutschen nicht? Heinz antwortet ihm vieldeutig:

---

273 CA A 10 1966.
274 Telefongespräch mit Usi Ron vom 6.6.2023. Danach wurde von Henny und Heinz Koppel »*nicht viel über diese Zeit gesprochen*«. Das Schweigen wird von vielen Überlebenden der Schoah mit großem zeitlichem Abstand oder erst von den nachfolgenden Generationen aufgegeben.
275 Zu den psycho-somatischen Auswirkungen der Lageraufenthalte, unter anderem für die Entwicklung von Herz-Kreislauf-Erkrankungen, siehe exemplarisch William G. Niederland: Folgen der Verfolgung: Das Überlebenden-Syndrom. Seelenmord, Frankfurt 1980, S. 210–214.
276 Usi Ron, ursprünglich Rosenthal, stammt selbst aus einer jüdisch-deutschen Familie, die Opfer der Schoah wurde. Siehe Reinhold Busch: Verstreut über alle fünf Kontinente. Das Schicksal der jüdischen Familie Rosenthal aus dem Ruhrgebiet, Hamburg (tredition selfpublishing) 2018.
277 Die Hoechst AG ist eine von vier Nachfolgefirmen der 1952 von den Alliierten zwangsentflochtenen I.G. Farbenindustrie AG, die als Rüstungsunternehmen zahlreiche Zwangsarbeiter ausbeutete und mit dem KZ Auschwitz III Monowitz das erste privat finanzierte Konzentrationslager errichtete. Sie stellte das Giftgas Zyklon B her. Die Nachfolgefirma Hoechst AG betrachtete sich trotz einiger personaler Kontinuität in der Firmenleitung als von den in der Zeit des Nationalsozialismus begangenen Verbrechen unbelastet. Erst 1999

»Hass ist nicht das Gegenteil von Liebe. Beides sind Gefühle. Das Gegenteil von Hass und Liebe wäre es, keine Gefühle zu haben. Und keine Gefühle zu haben, ist keine Lösung.«[278]

Vielleicht beschreibt die Ablehnung von Gefühllosigkeit oder Gleichgültigkeit einen noch immer nicht abgeschlossenen Prozess der Auseinandersetzung, den viele ehemals deutsche Juden und ihre Nachfahren mit dem Land, das einmal ihre Heimat war, führen.

---

trat sie der »Stiftungsinitiative der Deutschen Wirtschaft« bei, die überlebende Zwangsarbeiter entschädigt.
278 Telefongespräch mit Usi Ron am 6.8.2024. Heinz Koppel wandelt hier vermutlich ein Zitat des Schriftstellers und Friedensnobelpreisträgers Elie Wiesel (1928–2016) ab, der selbst ein Opfer der Schoah war. Es lautet in einer von mehreren Varianten: »*Ich habe immer daran geglaubt, dass das Gegenteil von Liebe nicht Hass ist, sondern Gleichgültigkeit. Das Gegenteil von Glaube ist nicht Überheblichkeit, sondern Gleichgültigkeit. Das Gegenteil von Hoffnung ist nicht Verzweiflung, es ist Gleichgültigkeit. Wenn Sie die Wahl haben, zwischen Verzweiflung und Gleichgültigkeit zu wählen, wählen Sie die Verzweiflung, nicht die Gleichgültigkeit! Denn aus Verzweiflung kann eine Botschaft hervorgehen, aber aus der Gleichgültigkeit kann per definitionem nichts hervorgehen.*« Zitiert nach: Elie Wiesel: Den Frieden feiern, Freiburg 1991, S. 29.

Der Fall Koppel

Inzwischen beginnen in München die Vorbereitungen für einen Strafprozess wegen der Judendeportationen in den Niederlanden. Der SS-»Judenreferent« Wilhelm Zoepf und dessen Mitarbeiterin Gertrud Slottke, die Organisatoren der Transporte, müssen sich vor dem Landgericht München II verantworten.[279] Hans Calmeyer erfährt nach eigenen Worten im Januar 1966 bei einem erneuten Aufenthalt in Zürich durch einen Artikel in der Süddeutschen Zeitung, dass Anklage erhoben wurde.[280] Er rechnet fest damit, in dem Prozess als Zeuge zu Wort zu kommen, nachdem er bereits von einem Richter des Amtsgerichts Osnabrück ausführlich vernommen worden war.[281] Nun bereitet er sich akribisch auf die erwartete Zeugenrolle vor. In einem Brief an Dr. Günter Prey, einen Bekannten aus seiner Dienstzeit in der deutschen Besatzungsverwaltung in Den Haag, schildert er Ende März 1966 seine Gedanken dazu ausführlich[282]. Der Briefempfänger Prey war eine schillernde Figur in den besetzten Niederlanden mit Kontakten sowohl zu deutschen Behörden als auch zu verschiedenen niederländischen Widerstandsgruppen und wurde als Waffenhändler bereits zu

---

279 Dritter Angeklagter im Prozess ist der ehemalige Befehlshaber der Sicherheitspolizei in den Niederlanden, SS-Gruppenführer Wilhelm Harster. Robert Kempner, stellvertretender Hauptankläger bei den Nürnberger Prozessen 1945/46, vertritt als Nebenkläger die Familien von Anne Frank und von Edith Stein, der Philosophin, Frauenrechtlerin und katholischen Ordensschwester.
280 Brief an Dr. Prey, S. 2.
281 Der Richter in Osnabrück war vom Bayerischen Landeskriminalamt mit der Vernehmung beauftragt worden. Calmeyer weist darauf hin, dass dieser Richter »bezeichnenderweise« inzwischen nicht mehr im Amt sei, »weil er, wie viele Richter, und zwar, wie bei uns üblich, ›freiwillig‹ in Pension gehen musste, weil er viele ›Leichen im Keller‹ hatte.« A. a. O., S. 1 und 5.
282 Calmeyers Biograph Niebaum erklärt zur Relevanz des 15seitigen maschinenschriftlichen Brieftextes: »*Ob der Brief den Adressaten Günter Prey erreicht hat – wir wissen es nicht. Ganz offensichtlich aber dient der lange Text vor allem anderen der Selbstverständigung des ›Zeugen C.‹, der ihn offenbar wieder und wieder gelesen, durchdacht, bearbeitet, modifiziert hat, und das wahrhaftig ›mit heißem Herzen‹*«. NIEBAUM, S. 57.

Kriegszeiten zum Millionär.[283] Calmeyer soll ihn damals dennoch als »*zuverlässigen Systemgegner*« geschätzt haben, bei dem er »*häufig zu Gast*« war[284]. Der freundschaftliche Kontakt zwischen den beiden Männern besteht auch nach dem Krieg fort. Noch wenige Tage vor dem Verfassen des Briefes hatten sie sich bei einem Besuch Preys in Osnabrück über ihre Erfahrungen in den Niederlanden austauschen können[285]. Nun schreibt ihm Calmeyer über den bevorstehenden Strafprozess:

> »Da ich gewiss dabei Zeuge spielen muss, kann ich Gedankengänge, die mich zu diesem Thema seit 1944 beschäftigen, nicht drucken lassen, ebenso wenig der Staatsanwaltschaft oder dem Gericht, geschweige denn der Presse vorlegen.«[286]

Calmeyer zeigt sich in dem Brief an Prey überzeugt davon, dass es richtig sei, den Prozess vor einem deutschen Gericht zu führen:

> »Unsere Landsleute sind die Mörder, Landsleute müssen diese Mörder aburteilen. Tatort des letzten Gliedes der Mordausführung war der polnische oder russische Raum. Tatort für die ganze ›Endlösung‹ waren die Befehlszentralen, in denen (die) Mord-Endlösung beschlossen wurde, alle Amtsstuben, in denen etwas zur Durchführung des Völkermordes geschah. Was die Niederlande und den a u c h d o r t begonnenen und durchgeführten Völkermord angeht, so muss man es eben miterlebt haben, um zu wissen, an welchem Schreibtisch der Niederlande ein Teilausschnitt des Völkermordes geplant und durchgeführt wurde. Ich sage bewusst: ›miterlebt‹. Zuschauer bin ich nicht gewesen. Ich habe den Schreibtisch, an welchem der Mordbefehl einging und seine Durchführung auf niederländischem Boden vom Täter als seine eigene Tat gewollt und eingeleitet wurde, nicht ›mit eigenen Augen gesehen‹. Das geht den Niederländern und allen Opfern, also auch denen, die davonkamen, nicht anders.«[287]

Calmeyer sieht sich weder als Tatbeteiligten noch als Zeugen »*im engeren Sinn*«[288]. Indem er sich lediglich als »Miterlebenden« darstellt[289], ist er weder

---

283 Günter Prey, geboren am 2.2.1902 in Danzig, wohnt nach Kriegsende zunächst weiter in Den Haag und arbeitet offiziell für eine schwedische Stahlfirma. Es gibt Hinweise auf eine mögliche Verwicklung in die Spionageaffäre um den Oberst und schwedisch-sowjetischen Doppelspion Stig Wennerström. Nach dessen Verhaftung 1963 setzt sich Prey aus den Niederlanden ab und taucht in Süddeutschland unter. Artikel »Prey alias Haase was dr. X. Nieuwe gegevens over Wennerströms relatie« in: Leidsch Dagblad, 15.4.1964, Seite 11. Calmeyer schreibt 1966 an ihn unter einer Klaradresse im bayrischen Utting am Ammersee.
284 NIEBAUM, S. 231 f.
285 Das Gespräch fand nach Calmeyers Angaben am 23.3.1966 in Osnabrück statt. Brief an Dr. Prey, S. 1.
286 Brief an Dr. Prey, S. 1.
287 Brief an Dr. Prey, S. 3 f.
288 Brief an Dr. Prey, S. 4.
289 Wenn Calmeyer sagt, er habe die Taten der Mörder »*miterlebt*«, meint er damit das kritische Beobachten der Entwicklung des Nationalsozialismus von einer radikalen Ideologie bis zu deren Umsetzung in Terror, Kriegsverbrechen und Massenmord. Er habe diesen Prozess kommen sehen und »*schon 1934 vorhergesagt*«. Ebd.

Täter noch Opfer noch konkreter Tatzeuge. Er ist einer der »Davongekommenen«. Ihn schockiert der Gedanke, dass seine einstigen SS-Widersacher Zoepf und Slottke, die er für die Hauptverantwortlichen der Deportationen in die Vernichtungslager hält, vor Gericht »*nur als Gehilfen angeklagt*«[290] werden könnten. Für ihn ist klar:

> »Zoepf ist der Schreibtischmörder in den Niederlanden, das ist wirklich nachweisbar, er hat die Tat als eigene gewollt.«[291]

Der hier verwendete Begriff »Schreibtischmörder« ist im Zusammenhang mit den NS-Prozessen, vor allem mit dem bereits erwähnten Eichmann-Prozess, bekanntgeworden und von Beginn an eng mit dem von SS-Sturmbannführer Adolf Eichmann geleiteten »Judenreferat« IV B 4 beim Reichssicherheitshauptamt (RSHA) verknüpft.[292] Calmeyer zielt mit ihm erneut darauf ab, dass Zoepf und Slottke vom Referat IV B 4 beim BdS in den Niederlanden als Mittäter zu gelten hätten, auch wenn die direkten Tatausführenden in den Konzentrationslagern im Osten andere waren. Ihre Tätigkeit sei mehr gewesen als »*nur die Deportation aus Holland heraus.*[293]« Die »Leer-Meldungen aus den Vernichtungslagern (Erfolgsmeldungen aus Auschwitz)«[294] beweisen nach seiner Auffassung bereits ausreichend, dass die Angeklagten um das weitere Schicksal der Deportierten wussten und ihren Tod »*als eigene Tat gewollt*« hätten. Der »*Fall Koppel*« sei deshalb von »*ausschlaggebender Wichtigkeit*«[295]. Über ihn könne das Gericht den Angeklagten nachweisen, dass

> »die Betätigung des Mordwillens nicht nur bis zur deutschen Grenze reichte. Zoepf und in eigener Person die Slottke konnten zunächst einmal die Bestimmung treffen, in welch(es) Lager in Deutschland und im Ostraum die Deportierten verbracht wurden. (Beispiel: ›Sollen die Koppels nach Theresienstadt oder nach Bergen-Belsen?‹) Der Fall Koppel beweist, dass Zoepf und die Slottke noch in Bergen-Belsen über das Schicksal der Deportierten entschieden. Wenn aber Zoepf und die Slottke in Bergen-Belsen noch

---

290 Brief an Prey., S. 2. Nach deutschem Strafrecht ist ein Mordgehilfe, wer die niederen Beweggründe des Täters zwar kennt, aber nicht selbst teilt, die Tat also nicht »als eigene« empfindet oder will.
291 A.a.O., S. 8. Die Unterstreichung wurde übernommen.
292 Zur Entstehung und Problematik der ursprünglich »als Synonyme anzusehenden Begriffe ›Schreibtischmörder‹ und ›Schreibtischtäter‹« siehe Christoph Jahr: Ein ›Wort mit bösem Beiklang‹. Elemente, Ursprünge und Verwendungen des Begriffs ›Schreibtischtäter‹, in: Dirk VAN LAAK/Dirk ROSE (Hg.): Schreibtischtäter. Begriff – Geschichte – Typologie, Göttingen 2018, S. 31–58.
293 Brief an Prey, S. 14.
294 Ebd. Die Meldungen gingen unter anderem an die Abteilung IV B 4 von Zoepf und Slottke. Calmeyer will hingegen erst während seiner Vernehmungen und der Verhöre in Scheveningen 1945/46 von den »Mordvollzugsmeldungen« aus den Todeslagern erfahren haben. NIEBAUM, S. 259.
295 Brief an Dr. Prey, S. 14.

selektieren konnten, dann haben sie nicht diese drei Menschenleben gerettet, sie haben 93.000 Menschen, abzüglich von 3 Menschenleben, also ›nur‹ 92.997 Menschen gemordet!«[296]

Unabhängig von der Qualität der juristischen Beweisführung für den Mordvorwurf gegen die Angeklagten sind die Gedanken Calmeyers für die Bewertung des »Falls Koppel« bedeutsam. Die Tatsache, dass Zoepf und Slottke nicht nur in den Niederlanden das Deportationsziel bestimmen, sondern auch noch in Bergen-Belsen entscheiden und selektieren können, ist demnach eine notwendige Voraussetzung für das Überleben der Familie Koppel. Wie bereits erwähnt, wurde die Entscheidung zugunsten des Austauschs der Familie – vermutlich von Calmeyer – durch »*psychologische Bestechung*« herbeigeführt.[297] Die letztendliche Auswahl trafen jedoch der »Judenreferent« Wilhelm Zoepf und am 19.1.1945 vor Ort in Bergen-Belsen die Leiterin der Abteilung »Rückstellungen«, Gertrud Slottke. Calmeyer stellt aber vehement klar, dass Zoepf und Slottke die Familie Koppel trotz des geglückten Austauschs aus seiner Sicht »*nicht gerettet*« haben.[298] Hat er mit Henny und Heinz über den bevorstehenden Prozess oder seine mögliche Zeugenrolle darin gesprochen? Kennen sie die genauen Umstände ihrer Freilassung und den Anteil der verschiedenen Beteiligten daran? Wissen sie, welche exemplarische Bedeutung Calmeyer ihrem »Fall« beimisst und wie er mit ihm im Prozess gegen Zoepf und Slottke argumentieren will? Sind sie damit einverstanden? Für keine der Fragen gibt es eine Antwort. Am 23.1.1967 beginnt die Hauptverhandlung gegen Zoepf und Slottke.[299] Entgegen seinen Erwartungen wird Calmeyer dazu nicht als Zeuge geladen. Zoepf gesteht im Verfahren eine Schuld grundsätzlich ein, behauptet aber, nicht gewusst zu haben, welche Folgen sein Handeln hatte. Slottke gibt ebenfalls an, sie habe »*absolut nichts*« über das Schicksal der Deportierten gewusst. Bereits nach elf Verhandlungstagen ergeht das Urteil. Wilhelm Zoepf wird wegen Beihilfe zum gemeinschaftlichen Mord in 55.382 Fällen zu neun Jahren Zuchthaus verurteilt, Gertrud Slottke wegen Beihilfe

---

296 A.a.O., S. 15. Die Unterstreichungen wurden übernommen. Anders als bei Wilhelm Zoepf, verwendet Calmeyer im Zusammenhang mit Gertrud Slottke grundsätzlich den bestimmten Artikel vor dem Familiennamen (»die« Slottke).
297 Siehe a.a.O., S. 14. Hans Calmeyer gibt sich in dem Brief zumindest nicht ausdrücklich selbst als »Bestechender« zu erkennen.
298 Hinter dieser Sichtweise steckt der Gedanke, dass sowohl die sonstigen Taten der Helfenden als auch das Motiv der Hilfe dagegensprechen. Danach wäre die Hilfe nur eine »Rettungstat« gewesen, wenn sie von nicht an den Deportationen beteiligten Personen aus altruistischen Gründen und nicht aufgrund einer Bestechung erfolgt wäre.
299 Es ist das erste Verfahren gegen sogenannte »Distanztäter« oder »Schreibtischtäter« im Zusammenhang mit der Ermordung der Juden, das vor einem deutschen Gericht stattfindet. Zum Verlauf des Verfahrens und zu seiner Bedeutung für die Aufarbeitung nationalsozialistischer Verbrechen siehe Christian Ritz: Schreibtischtäter vor Gericht. Das Verfahren vor dem Münchner Landgericht wegen der Deportation der niederländischen Juden (1959–1967), Paderborn 2012.

zum gemeinschaftlichen Mord in 54.982 Fällen zu fünf Jahren.[300] Der von Calmeyer für die Urteilsfindung »*ausschlaggebend*« wichtig erachtete »*Fall Koppel*« bleibt in der Verhandlung unerwähnt.

---

300 Der dritte Angeklagte in dem Prozess, Wilhelm Harster, bis August 1943 der Befehlshaber der Sicherheitspolizei und des SD (BDS) in den Niederlanden und direkter Vorgesetzter des »Judenreferats« IV B 4 von Zoepf und Slottke, wird wegen Beihilfe zum gemeinschaftlichen Mord in 82854 Fällen zu 15 Jahren Zuchthaus verurteilt.

Heile Welt

Ein Ringbuchblatt mit dem Entwurf eines Gedichtes[301] verweist auf ein weiteres Zusammensein der Eheleute Calmeyer mit Heinz Koppel im Jahr 1966. Wieder trifft man sich in der Schweiz, in Zürich.[302] Und noch immer steht für Hans Calmeyer »das Thema« im Mittelpunkt, das seine Beziehung zu Henny und ihrem Mann nach dem Krieg entscheidend bestimmt: der Umgang mit seiner Schuld. Ähnlich wie in dem 5 Jahre zuvor geschriebenen Brief an die Eheleute Koppel ist es das Empfinden einer über juristische Maßstäbe hinausreichenden persönlichen Verantwortung, einer »*Gerechtigkeit vor Gott*«[303], das ihn jetzt ganz im Geiste einer humanistisch-protestantischen Innerlichkeit ein Gedicht als Ausdrucksmittel verwenden lässt. Er versieht es mit der bezeichnenden Vorbemerkung: »*Wirklich, nur 15 Minuten soll vom Dunklen die Rede sein!*« In einer weiteren Randbemerkung zu dem Gedichtentwurf schreibt er: »*Liliencron reimte: ›Und sieh, ja sieh – es ist kein Traum / Ich und mein Freund am Apfelbaum!‹*«[304] Dann fügt er in Klammern eine etwas holprige »*Variante*« hinzu:

»Ja sieh' und schau: Hitler zum Torte, Heinz, Hans u. Ruth bei Apfeltorte!«[305]

Die veraltete Redewendung »*jemandem etwas zum Tort(e) tun*« oder »*einen Tort antun*«, bedeutet, etwas zu tun, das bei jemandem Ärger verursacht, ihn ver-

---

301 Fotokopie eines Ringbuchblatts. Gedichtentwurf »Unsere Zeit war schuldbeladene Finsternis«. CA A 10 1966 und NLA OS Dep.107, Nr. 41 (GEDICHTENTWURF 1966).
302 Hans Calmeyer ist nach eigenen Angaben zusammen mit seiner Frau Ruth 1966 »*am Dolder in Zürich*«. Brief an Dr. Prey, S.2. Es bleibt unklar, ob Henny Koppel-Hirsch neben ihrem Mann bei dem Treffen zumindest zeitweise ebenfalls anwesend ist.
303 CA A 10.1965.07.03.
304 GEDICHTENTWURF 1966. Calmeyer zitiert in abgewandelter Form aus dem 1890 in der Sammlung »Der Haidegänger« veröffentlichten Gedicht »Krieg und Frieden« von Detlef von Liliencron. Es schildert drastisch den Verlauf einer brutalen Schlacht. Eingangs- und Schlussstrophe beschreiben hingegen eine friedliche Idylle und enthalten jeweils die Verse: »*Und Arm in Arm, es ist kein Traum / Mein Wirt und ich am Apfelbaum.*« www.gedichte-lyrik-online.de/krieg-und-frieden.html, letzter Aufruf: 12.8.2023.
305 GEDICHTENTWURF 1966.

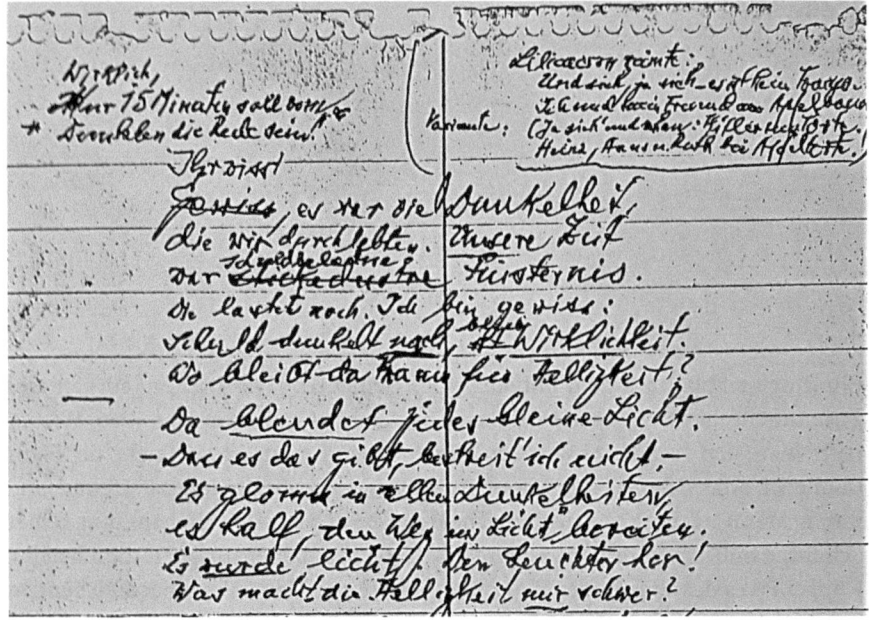

Abb. 18: Ausschnitt aus einem Gedicht Calmeyers von 1966

drießt[306]. Sie ist hier der Ausdruck eines späten Triumphs ehemaliger Verfolgter über Hitler und den Nationalsozialismus. Trotz deren böser Absichten und Taten haben sie überlebt und sie leben gut! Hans Calmeyer bezieht sich selbst in den Kreis der Triumphierenden ein. Das dann folgende Gedicht greift, wie von ihm angekündigt, zu Beginn erneut das Motiv des »*Dunklen*« auf:

>»Ihr wisst, es war die Dunkelheit,
>die wir durchlebten. Unsere Zeit
>war schuldbeladne Finsternis.
>Die lastet noch. Ich bin gewiss:
>Schuld dunkelt nach, blieb Wirklichkeit.
>Wo bleibt da Raum für Helligkeit?
>
>Da blendet jedes kleine Licht.
>Dass es das gibt, bestreit' ich nicht.
>Es glomm in allen Dunkelheiten,
>es half, den Weg ins Licht bereiten.
>Es wurde Licht. Den Leuchter her!
>Was macht die Helligkeit mir schwer?
>
>Was zögre ich im Dunkeln noch?
>Gewissenslast ? – Versteht es doch:

---

306 Digitales Wörterbuch der deutschen Sprache (DWDS), www.dwds.de/wb/Tort.

> Es blendet so. Zum Blinzeln zwingts.
> Ich komm ja schon! Schaut: in mir singt's
> bereits vom Licht; ich seh's ja ein:
> Nur eins ist wichtig: froh zu sein.
>
> Froh: Denn um Euch ist heile Welt
> - und wenn sie nicht auf Dauer hält,
> was tut's?! Es sieht das Leuchten mehr,
> wer lang im Dunkeln stand. Wie schwer
> hing über Euch die Wolkenbank!
> Und sie verschwindet, Gott sei Dank,
> erglänzt vor uns der Zürcher See.«[307]

Calmeyers Gedicht ist als »Gebrauchslyrik« im Wortsinn zu verstehen[308]. Es ist zeitlich und lokal verortet und an einen konkreten Anlass gebunden. Obwohl es sich zunächst nur an zwei Personen, Henny und Heinz, zu richten scheint, bezieht sich der Autor von Beginn an selbst mit ein. Er beschreibt seine noch nicht abgeschlossene innere Entwicklung und versichert sich seines momentanen Standpunktes. Noch einmal verknüpft Calmeyer in dem Gedicht den Versuch der Bewältigung seines »Themas« mit dem Schicksal von Henny und Heinz Koppel. Die gemeinsam durchlebte Vergangenheit war aus seiner Sicht für sie alle eine finstere Zeit. Die damals entstandene Schuld, deren Art und Urheberschaft allerdings von ihm seltsam unbenannt bleibt, ist nicht getilgt und nach wie vor belastend. Es ist schwer, sie hinter sich zu lassen. Aber es gab und gibt einen Hoffnungsschimmer. Wer ihn sieht und ihm folgt, kann am Ende erleichtert, »heilfroh«, sein. Calmeyer geht diesen Weg nur zögerlich. Er spürt noch immer die Schwere der Gewissenslast, auch wenn das den Freunden unverständlich erscheinen mag. Doch da ist auch sein Wunsch, einmal wieder unbeschwert sein zu können, verbunden mit der Überzeugung, diesem Ziel bereits näher zu kommen. Mit dem »*innerlichen Singen vom Licht*«, das bereits begonnen hat, wird diese Überzeugung metaphorisch umschrieben. Henny und ihr Mann haben aus Calmeyers Sicht hingegen ihre dunkle Vergangenheit bereits erfolgreich hinter sich gelassen. Sie sind umgeben von »heiler Welt«. Alles Bedrohliche liegt scheinbar hinter ihnen, vor ihnen eine glänzende, wenn auch nicht dauer-

---

307 GEDICHTENTWURF 1966. Der Originaltext enthält zahlreiche Streichungen und Korrekturen. Das letzte Wort einer letzten Verszeile ist bisher nicht zu entziffern: »*Nur eins ist wirklich: Euer ......!*«.
308 Weitere Fragen nach dem formalen Aufbau oder dem ästhetischen Wert dürfen hier unbeantwortet bleiben.

haft sichere, Zukunft[309]. Hier, am Zürichsee, gemeinsam mit ihnen, fühlt Calmeyer auch sich selbst das »Dunkle« verlassen.

Aber weder die im Gedicht beschriebene Gefühlserfahrung in der Schweiz, noch sein Alltagsleben in Osnabrück, in das er zurückkehrt, können Calmeyers Stimmungslage dauerhaft aufhellen. Stattdessen versinkt er zunehmend »*in melancholisches, resignativ, depressiv eingefärbtes Grübeln*«, aus dem ihn weder seine Frau Ruth noch seine engen Freunde befreien können[310].

Das Zusammentreffen von Hans und Ruth Calmeyer mit Heinz Koppel und wahrscheinlich auch mit Henny Koppel-Hirsch am Zürichsee 1966 könnte die letzte gemeinsame Begegnung der Ehepaare gewesen sein. Die ungleiche Weltsicht, die unterschiedlichen Lebensumstände und Ziele, sowie die große räumliche Entfernung, könnten schließlich zu einem Einschlafen der Beziehung geführt haben.

Am 3.9.1972 stirbt Hans Calmeyer mit 69 Jahren in Osnabrück.[311]

---

309 Wie brüchig die Zukunft für Henny und ihre Familie in Israel ist, zeigt sich schon ein Jahr später. Im Juni 1967 kommt es zum »Sechstagekrieg« (Junikrieg) mit Ägypten, Jordanien und Syrien.

310 Siehe NIEBAUM, S. 28. Fraglich ist, ob Calmeyer gegen Ende seines Lebens doch noch der Frieden mit sich selbst und seiner empfundenen Schuld gelingt, wie er es selbst andeutet (NLA OS A 10, 1971.07.07). Seine Biographen Niebaum und Middelberg gehen davon aus oder erhoffen es zumindest.

311 Zu den Todesumständen siehe NIEBAUM, S. 374f.

Teufelskreis

Im Sommer 1973 kommt es zu einem letzten Wiedersehen zwischen Henny Koppel und der Witwe Ruth Calmeyer. Henny nutzt einen gemeinsamen Aufenthalt mit ihrem Mann in Frankfurt[312] für einen Kurzbesuch bei ihrer Freundin Lotte Pfannenschmidt im Osnabrücker Land. Sie wird von deren jüngster Tochter Britta am Osnabrücker Bahnhof abgeholt und nach Bad Essen gebracht.[313] Am nächsten Morgen fährt man gemeinsam zurück in die Stadt, zunächst zu Lottes älterer Tochter Marianne und dann zur Calmeyerschen Wohnung in der Friedrichstraße. Das folgende Treffen, das auf ausdrücklichen Wunsch von Ruth allein zwischen ihr und Henny stattfindet, dauert nur etwa eine Viertelstunde. Die Kürze des Gesprächs könnte ein weiteres Indiz dafür sein, dass die Beziehung zwischen den beiden Frauen zu diesem Zeitpunkt nicht mehr eng ist.[314] Über den Inhalt und den Verlauf ist leider nichts überliefert. Danach reist Henny wieder ab. Eine Besuchsanfrage von Lotte Pfannenschmidt einige Wochen später beantwortet Ruth Calmeyer schriftlich:

> »(L)eider passt es mir an diesem Wochenende garnich(t), da ich Besuch aus den Niederlanden habe (alte Freundschaft aus dem Widerstand im Kriege). – Sonst jederzeit. Sie brauchen nur vorher anzurufen – ich bin eigentlich immer zu Hause und immer allein! – Ich habe wieder gelernt zu beten: für die inzwischen auf 9 Personen angewachsene Familie Koppel und für den Frieden!«[315]

---

312 Vermutlich ist der Aufenthalt in Frankfurt ein geschäftlicher Besuch bei der Farbwerke Hoechst AG, deren Repräsentant in Israel Heinz Koppel ist.
313 Gespräch mit Britta Malzahn geb. Pfannenschmidt vom 18.8.2023. Obwohl Britta die Freundin ihrer Mutter eigentlich nie bewusst kennengelernt hat, sie war bei deren Emigration erst 3 Jahre alt, erkennt sie Henny sofort. Das zuvor ausgemachte Erkennungszeichen, eine rote Dahlie, ist also nicht nötig.
314 Mündliche Hinweise einer inzwischen verstorbenen ehemaligen Nachbarin der Familie Calmeyer auf weitere gegenseitige Kontakte und Besuche von Henny Koppel und Ruth Calmeyer vor und nach 1973 sind nicht mehr nachprüfbar.
315 Postkarte von Ruth Calmeyer an Lotte Pfannenschmidt in Bad Essen-Eielstädt vom 23.10.1973. Die Postkarte fand sich später zufällig im Nachlass von Lotte Pfannenschmidt als »Lesezeichen« in einem Buch (Carl Zuckmayer: Der Seelenbräu, Frankfurt 1956) und wurde

Die in der Klammer am Ende des Nebensatzes verwendete Formulierung zeigt, dass Ruth Calmeyer ihren verstorbenen Mann und indirekt vielleicht sogar sich selbst dem »Widerstand« zurechnet.[316] Die erwähnten »*9 Personen*« sind neben Henny und Heinz deren zwei Töchter, die Schwiegersöhne und drei Enkelkinder. Der Hinweis auf die Gebete für die Familie und den Frieden hat einen aktuellen Hintergrund. Während in Osnabrück zu diesem Zeitpunkt der 325. Jahrestag des Westfälischen Friedens begangen wird[317], tobt nach einem überraschenden Angriff syrischer und ägyptischer Streitkräfte auf Israel seit mehr als zwei Wochen ein Krieg.[318] Erneut dreht sich die Abwärtsspirale der Gewalt im Nahen Osten.

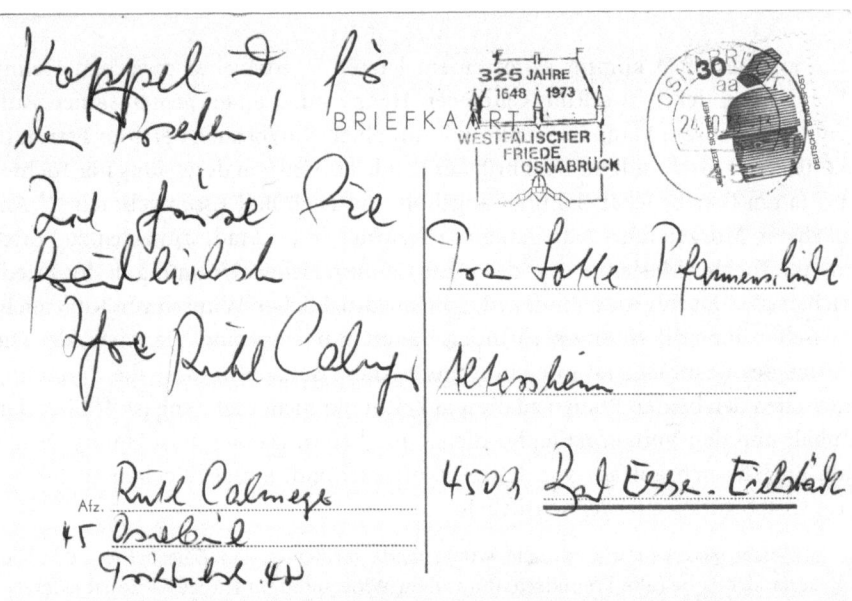

Abb. 19: Postkarte von Ruth Calmeyer an Lotte Pfannenschmidt vom 23.10.1973

---

von der Tochter Marianne aufbewahrt. Der Autor hat sie 2024 mit deren Zustimmung dem Calmeyer Archiv im Erich Maria Remarque-Zentrum übergeben.
316 Es liegt nahe, dass Ruth mit dem Begriff »Widerstand« vor allem auf die Tätigkeit ihres Mannes in der »Entscheidungsstelle« verweist. Dass sie sich selbst darin einbezieht, ergäbe aber nur Sinn, wenn sie schon während des Krieges über die Vorgänge dort informiert gewesen wäre und in irgendeiner Weise darauf Einfluss genommen hätte.
317 Siehe den zusätzlichen Motivstempel auf der Postkarte oben rechts. Er zeigt das Osnabrücker Rathaus des Westfälischen Friedens mit dem Jahr des Friedensschlusses und der aktuellen Jahreszahl (1648 und 1973).
318 Jom-Kippur-Krieg bzw. Oktober-Krieg vom 6. bis zum 25.10.1973.

Die Familie Koppel übersteht den Krieg von 1973 ohne persönliche Verluste[319]. Aber es wächst das Bewusstsein dafür, dass »*die heile Welt*«, von der Calmeyer in seinem Gedicht schrieb, tatsächlich »*nicht auf Dauer hält*«.[320] Die Terrortaten der Hamas in Israel am 7. 10. 2023, sowie die folgenden Kämpfe im Gaza-Streifen und darüber hinaus, zeigen den Nachfahren Hennys die dauerhafte Aktualität der Bedrohung.[321] Ein Ende der kriegerischen Auseinandersetzungen ist noch immer nicht abzusehen. An Chanukka 2023[322] schreibt die Familie dem Autor:

> »Leider müssen wir wieder aus der Vergangenheit lernen, dass Judenhass nicht ausgerottet ist. Der Staat Israel, der der sicherste Platz für Juden sein soll, ist leider auch keine Garantie.
> Let us hope for the best.«[323]

---

319 Renée Koppels Ehemann, Usi Ron, kämpft als Soldat in diesem Krieg wie zuvor im 6-Tage-Krieg von 1967.
320 CA A 10 1966 und NLA OS Dep.107, Nr. 41.
321 Eines der 364 jüdischen Opfer des Massakers der Hamas auf dem Supernova-Tanzfestival (Massaker von Be'eri) ist der Sohn einer Cousine.
322 Chanukka, das jüdische Lichterfest, wurde 2023 vom 7. – 15. Dezember gefeiert.
323 E-Mail Usi Ron vom 6. 12. 2023.

Epilog

Am 5.8.1975 stirbt Heinz Koppel mit 66 Jahren während eines Aufenthaltes im schweizerischen Nobelferienort Gstaad[324]. Henriette (Henny) Koppel-Hirsch überlebt ihn um fast ein Jahrzehnt. Nach einem Leben voller schicksalhafter Ereignisse, die sie aus dem beschaulichen Quakenbrück durch die Hölle der nationalsozialistischen Judenverfolgung am Ende bis in ihre neue Heimat Haifa in Israel führten, stirbt sie dort nach schwerer Krankheit am 22.12.1984 mit 70 Jahren[325]. Bis zu diesem Zeitpunkt bestehen noch immer regelmäßige Kontakte zu ihrer Freundin Lotte Pfannenschmidt in Bad Essen. Als sie die Nachricht vom Tod Hennys erhält[326], informiert sie Ruth Calmeyer darüber:

»Liebe Frau Calmeyer,

Eine traurige Nachricht.
Unsere liebe Henny Koppel ist am
22. Dezember 1984 friedlich in
ihrem Heim verschieden –
So schrieb(en) mir Rina u. Usi Ron.
Die bitten mich, Sie davon zu
benachrichtigen.
Wir wollten Henny am 21. XII.
anrufen, erreichten sie aber nicht –
Ihr letztes Schreiben war sehr
hoffnungslos. So gönnen wir ihr die
erlösende Ruhe.

---

324 Es ist der 28. Aw 5735 nach dem jüdischen Kalender. Heinz Koppel wird vier Tage später in Haifa (Israel) beigesetzt.
325 Es ist der 28. Kislew 5745, ein Sabbat und der 4. Tag des Lichterfestes Chanukka.
326 Nach Auskunft von Usi Ron schreiben seine Frau Renée (Rina) und er den Brief an Lotte Pfannenschmidt nicht selbst, sondern lassen ihn von einer Sekretärin verfassen. Sie kennen Lotte nicht persönlich. E-Mail Usi Ron vom 12.7.2023.

> In den nächsten Tagen rufe ich
> bei Ihnen an – Herzliche Grüße«[327]

Zu einem Treffen der beiden Frauen kommt es nicht mehr. Am 6.2.1988 stirbt Ruth Calmeyer in Osnabrück. Sie ist die letzte Beteiligte einer Jahrzehnte dauernden außergewöhnlichen Verbindung zwischen den Ehepaaren Koppel-Hirsch und Calmeyer. Hennys Freundin Lotte Pfannenschmidt verbringt ihren Lebensabend bei ihrer jüngsten Tochter und deren Familie im Haus am Siepenbach in Bad Essen. Sie stirbt am 8.5.1993 mit 94 Jahren. Für sie alle und für die im Dezember 2024 verstorbene Renée (Rina) Ron-Koppel möge die Segensformel[328] gelten, die auf jüdischen Grabsteinen zu finden ist:

»Ihre/Seine Seele sei eingebunden in das Bündel des Lebens!«

---

327 Abschrift einer Postkarte von Lotte Pfannenschmidt an Ruth Calmeyer vom 6.1.1985. NLA OS Dep 107, Akz. 5/1995 Nr. 36.
328 1. Samuel (Schmuel) 25,29, Wunsch der Abigajil.

Abbildungsnachweis

Abb.	Quelle	Beschreibung
1	Privat, Familie Ron, Haifa, Photo	Familie Koppel-Hirsch 1945 im Lager Jeanne d'Arc, Philippeville
2	Privat, Familie Ron, Haifa, Photo	Henriette Hirsch zur Einschulung um 1920
3	Privat, Familie Ron, Haifa, Photo	Henriette Hirsch als Jugendliche mit ihrem Vater Siegfried
4	Privat, Britta Pfannenschmidt	Lotte Pfannenschmidt Anfang der 1950er Jahre
5	Privat	Das Haus der Familie Hirsch in der Gartenstraße in Quakenbrück heute
6	Postkarte (Ausschnitt)	Merwedeplein, Amsterdam-Süd in den 1930er Jahren. Im Gebäudeblock links lebt 1941 das Ehepaar Koppel-Hirsch, rechts wohnt die Familie Frank
7	Privat, Familie Ron, Haifa, Photo	Henriette Koppel-Hirsch um 1940
8	Arolsen Archiv DocID: 130323371	JR-Karteikarte für Henriette Koppel-Hirsch mit Erläuterungen des Autors
9	Arolsen Archiv DocID: 130323368	JR-Karte für Heinz Koppel mit Erläuterungen des Autors
10	Arolsen Archiv DocID: 130323408	JR-Karteikarte für Renée Koppel mit Erläuterungen des Autors
11	Privat, Familie Ron, Haifa	Titelseite Jewish Family Magazine, Johannesburg/Südafrika, Juli 1946
12	Privat, Familie Ron, Haifa	Beitrag über Renée Koppel im Jewish Family Magazine, Johannesburg/Südafrika, Juli 1946
13	Privat, Familie Ron, Haifa, Photo	Bescheinigung der Schweizerischen Gesandtschaft in Berlin über die Teilnahme am Zivilpersonenaustausch
14	Privat, Familie Ron, Haifa, Photo	Renée Koppel im Flüchtlingslager Jeanne d'Arc, Philippeville
15	Privat, Familie Ron, Haifa, Photo	Familie Koppel-Hirsch nach der Ankunft in Palästina um 1948

(Fortsetzung)

Abb.	Quelle	Beschreibung
16	Privat, Familie Ron, Haifa, Photo	Henriette Koppel-Hirsch um 1960
17	CA A10 1965.07.03	Ausschnitt mit Bibelzitaten aus einem Skript Calmeyers vom 7. 3. 1965
18	CA A10 1966 / NLA OS Dep 107, Nr. 41	Ausschnitt aus dem Gedicht Calmeyers von 1966
19	CA, bisher ohne Reg.-Nr.	Postkarte von Ruth Calmeyer an Lotte Pfannenschmidt vom 23. 10. 1973

Quellen und Literatur

Archive und Nachlässe

In dem Verzeichnis sind lediglich die Namen der Archive angegeben. Die Signaturen der benutzten Bestände sind in den jeweiligen Fußnoten vermerkt.

Arolsen Archives, Bad Arolsen
Centrum voor familiegeschiedenis (CBG) – Collectie Calmeyer, Den Haag/NL
DSC Arminia Bielefeld. Vereinsarchiv, Bielefeld
Evangelische Akademie Loccum, Rehburg-Loccum
Gemeinde Midden-Drenthe (Standesamt Westerbork)/NL
Hans Calmeyer Archiv. Sammlung Niebaum, im Erich Maria Remarque-Friedenszentrum, Osnabrück (CA)
Nachlass Koppel-Hirsch, Familie Ron, Ra'anana-Haifa/IL
Niedersächsisches Landesarchiv Osnabrück (NLA OS), Nachlass »Calmeyer«
Stadsarchief Amsterdam/NL
Standesamt Bielefeld
Standesamt Quakenbrück
United States Holocaust Memorial Museum (USHM), Washington/USA
Yad Vashem/IL, Collections 3686918, Dr. Abraham Silberschein Archive

Zitierte Bücher und Aufsätze

Auf ein Verzeichnis der umfangreichen Sekundärliteratur, insbesondere der Literatur zu Hans Calmeyer, wurde verzichtet. Es sind lediglich die im Text zitierten Bücher und Aufsätze angegeben.

Adler, Reinhold: Das war nicht nur Karneval im August. Das Internierungslager Biberach an der Riß 1942–1945. Städt. Archive Biberach/Riß, 2002.
Aretin, von, Karl Otmar: »Über Eichmann zu uns.«, in: Zeitschrift »Die Furche« (Wochenzeitung) 11/12/1961.

Bobrowski, Johannes: Lewins Mühle. 34 Sätze über meinen Großvater, Berlin 1965, 3. Auflage.
Boomgaard, van den, Petra: Voor de nazi's geen Jood. Hoe ruim 2500 Joden door ontduiking van rassenvoorschriften aan de deportaties zijn ontkomen, Hilversum 2019.
Busch, Reinhold: Verstreut über alle fünf Kontinente. Das Schicksal der jüdischen Familie Rosenthal aus dem Ruhrgebiet, Hamburg (tredition self-publishing) 2018.
Gring, Diana/Müller, Peter: Licht am Ende der Nacht – Die Transporte aus dem KZ Bergen-Belsen nach St. Gallen, St. Gallen 2019.
Harari, Jacob (zuvor Fritz Pick): Die Ausrottung der Juden im besetzten Holland. Ein Tatsachenbericht, Tel Aviv 1944.
Hasenberg Butter, Irene: Wir hatten Glück, noch am Leben zu sein. Entkommen aus Bergen-Belsen, Frankfurt 2022.
Hirsch, Mathias: Das Haus. Symbol für Leben und Tod, Freiheit und Abhängigkeit, Gießen 2006.
Hirschfeld, Gerhard: Niederlande, in: Benz, Wolfgang (Hg.): Dimensionen des Völkermords. Die Zahl der jüdischen Opfer des Nationalsozialismus, München 1991.
Jewish Family Magazine, Südafrika, Juli 1946, S. 8. (Jewish Family Magazine). Artikel »Renée Koppel. Geboren in Westerbrook – 15 Monate in Bergen Belsen – Jetzt glücklich in Eretz«.
Kassenbrock, Karl: Nanno. Onderduiker im Rettungswiderstand, Ubstadt-Weiher 2022.
Laak, van, Dirk / Rose, Dirk (Hg.): Schreibtischtäter. Begriff – Geschichte – Typologie, Göttingen 2018.
Lindwer, Willy / Houwink ten Cate, Johannes: Het fatale dilemma. De Joodsche Raad voor Amsterdam 1941–1943, 's-Gravenhage, 1995.
Mechanicus, Philip: In dépot. 4. Druck, Amsterdam 1989.
Middelberg, Mathias: »Wer bin ich, dass ich über Leben und Tod entscheide?« Hans Calmeyer – »Rassereferent« in den Niederlanden 1941–1945, Göttingen 2015.
Niebaum, Peter: Ein Gerechter unter den Völkern. Hans Calmeyer in seiner Zeit (1903–1972), 2. korrig., erw. Auflage, Osnabrück 2003.
Niebaum, Peter: Hans Calmeyers Rettungswerk in den deutsch besetzten Niederlanden 1941–1945/46, in: Osnabrücker Jahrbuch Frieden und Wissenschaft III/1996, S. 162–180, Osnabrück 1996.
Niederland, William G.: Folgen der Verfolgung: Das Überlebenden-Syndrom. Seelenmord, Frankfurt 2002.
Penners, Theodor: Die jüdische Gemeinde in Quakenbrück, in: Jarck, Horst R. (Hg.): Quakenbrück. Von der Grenzfestung zum Gewerbezentrum, Quakenbrück 1985.
Presser, Dr. J.: Ondergang. De Vervolging en Verdelging van het nederlandse Jodendom 1940–1945, 's-Gravenhage 1965.
Rengermann, Renate: »Sag' mir, wo die Juden sind«. Hundert Jahre jüdisches Leben in Quakenbrück. Eine Untersuchung, Quakenbrück 2013.
Rings, Anton und Anita: Die ehemalige jüdische Gemeinde in Linz am Rhein, Linz am Rhein 1992.
Ritz, Christian: Schreibtischtäter vor Gericht. Das Verfahren vor dem Münchner Landgericht wegen der Deportation der niederländischen Juden (1959–1967), Paderborn 2012.
Schrabauer, Andreas: »... die österreichische Invasion«. Zur Beteiligung des ›Donauklubs‹ an der Beraubung, Verfolgung und Ermordung der Jüdinnen und Juden im Reichs-

kommissariat Niederlande, in: Dokumentationsarchiv des österreichischen Widerstandes (Hg.): Täter. Österreichische Akteure im Nationalsozialismus, Wien 2014, www.doew.at/.

Schütz, Raymund: Vermoedelijk op transport. De Joodsche Raadcartotheek als informatiesysteem binnen sterk veranderende kaders: repressie, opsporing en herinnering, Leiden 2010.

Schütz, Raymund (Hg.): Syllabus Workshop Joodse Raadcartotheek. Over kleur, diepte, samenhang en betekenis, Versie 2, 4.9.2019, pdf: www.academia.edu/42656283/Joodse_Raad_Cartotheek_en_Arolsen_Archives_03_V.

Spanjaard, Barry: Don't fence me in! An American Teenager in the Holocaust, Los Angeles 1981.

Stokvis, Benno: Advocaat in bezettingstijd, Amsterdam 1968.

Strunge, Margret/Kassenbrock, Karl: Masematte. Das Leben und die Sprache der Menschen in Münsters vergessenen Vierteln, Selbstverlag, Münster 1980.

Verhoeven, Rian: Anne Frank was niet alleen. Het Merwedeplein 1933–1945. Amsterdam 2019.

Wenck, Alexandra: Zwischen Menschenhandel und ›Endlösung‹. Das Konzentrationslager Bergen-Belsen, Überarbeitete Neuauflage, Münster 2020.

Weinberg, Werner: Die Reste des Jüdischdeutschen, Stuttgart 1969.

Wiesel, Elie: Den Frieden feiern, Freiburg 1991.

Zadoff, Efraim: Pasaportes de Ecuador para la proteccion de Judios en la Shoa (Zusammenfassung des gleichnamigen Artikels in Judaica Latinoamericana VI: »Pasaportes de Ecuador para Bergen-Belsen«, S. 351–378) www.amilat.online/wp-content/uploads/2020/01/Efraim-Zadoff-7-237.pdf.

Weitere Informationsquellen, Post- und Emailkontakte, Websites

Im Verlauf der Arbeit an dem Thema erhielt der Autor zahlreiche Hinweise und Informationen durch persönliche und telefonische Gespräche, sowie über Post- und Email-Kontakte. Sie sind dokumentiert und können auf Wunsch eingesehen werden. Für die Recherche zu Teilaspekten wurden zudem zahlreiche Websites besucht. Nicht immer ist die Zuverlässigkeit und Aussagekraft quellenkritisch überprüfbar gewesen. Wenn solche Inhalte in die Arbeit einflossen, finden sich Vorbehaltshinweise im Text oder in den Fußnoten.

Dank

Nur geteilte Informationen sind auf Dauer bleibende Informationen. Das gilt auch für mein Wissen über Henriette (Henny) Hirsch und ihr Schicksal, sowie über ihre jahrzehntelangen Beziehungen zum Ehepaar Calmeyer. Viele Menschen und Institutionen haben mir geholfen, es zusammenzutragen. Ihnen gilt mein Dank. Stellvertretend für alle möchte ich an dieser Stelle einige Namen nennen.

Renée Koppel-Ron und ihr Mann Usi Ron aus Israel haben mir Bild- und Textmaterial über ihre Mutter bzw. Schwiegermutter zur Verfügung gestellt und mir trotz der zurzeit extrem schwierigen Situation in ihrem Heimatland immer wieder bereitwillig Auskünfte gegeben. Ich danke ihnen sehr herzlich für ihr großes Vertrauen.

Renate Rengermann, Heimatforscherin aus Quakenbrück, gab mir wichtige Hinweise, vor allem zur Geschichte der Familie Hirsch vor 1938.

Britta Malzahn und Marianne Groß, den Töchtern von Hennys Freundin Lotte Pfannenschmidt, danke ich für den Einblick in einen außergewöhnlichen Freundeskreis der 1930er Jahre.

Im »Hans Calmeyer Archiv. Sammlung Niebaum« fand ich Fotokopien zahlreicher Schriftstücke zum Thema. Der Hauptbestand dieser archivischen Sammlung wurde ursprünglich von Peter Niebaum († 2013) zusammengetragen und später von Dr. Joachim Castan überarbeitet und katalogisiert. Ohne sie und die Mitglieder der Hans Calmeyer-Initiative wären zentrale Quellen für diese Arbeit unwiederbringlich verloren gewesen. Das Hans Calmeyer Archiv befindet sich heute im Erich Maria Remarque-Friedenszentrum. Ich danke Claudia Junk und Dr. Sven Jürgensen für den Zugang zum Archiv in den hektischen Zeiten des Aufbaus einer eigenen Ausstellung und für die Erlaubnis zur Publikation meiner Arbeitsergebnisse in der »Schriftenreihe des Erich Maria Remarque-Archivs«.

Das Niedersächsische Landesarchiv in Osnabrück und das Arolsen Archive in Bad Arolsen waren weitere Adressen von großer Bedeutung. Danke für die Bereitstellung von Quellenmaterial.

Mein besonderer Dank gilt den Vertretern verschiedener Organisationen und Einrichtungen wie Herrn Vohwinkel vom Archiv der Stadt Bielefeld oder Herrn Niewenhuijse von der CBG – Calmeyer Collectie in Den Haag wegen ihrer freundlichen Unterstützung.

Eine Publikation der Ergebnisse meiner Arbeit wäre nicht ohne die großzügige Unterstützung durch Herrn Dr. Dieter Köster möglich gewesen. Herzlichen Dank dafür. Die Veröffentlichung übernahm V&R unipress in Göttingen. Danke für die professionelle Unterstützung beim Layout, sowie für den Satz und Druck.

Die Freunde von »Rüdiger & Co.« waren wieder einmal aufmerksame Gesprächspartner.

Der größte Dank gilt erneut meiner Frau, Anne Grote, die dieses Projekt wie viele andere zuvor benediktinisch duldsam begleitete.